ÉTUDE D'HISTOIRE.

POLITIQUE ROYALE EN FRANCE.

PARIS.
IMPRIMERIE ÉDOUARD PROUX ET Cᵉ,
RUE NEUVE-DES B NS-ENF..S, 3.

1848

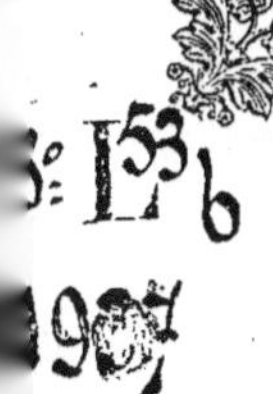

ÉTUDE D'HISTOIRE.

POLITIQUE ROYALE

EN FRANCE

PARIS.

IMPRIMERIE ÉDOUARD PROUX ET Ce,

RUE NEUVE-DES-BONS-ENFANS, 3.

1848

Le présent écrit était imprimé, et prêt à paraître la veille de la Révolution de Février. La publication en fut suspendue; la France, dans ses agitations nouvelles, ne semblait pas devoir être disposée à porter son attention sur des sujets qui n'intéressent que le bon sens et ne remuent point les haines.

Aujourd'hui un peu de calme a reparu; le livre retrouve son opportunité!

Français! lisez ce livre. C'est un livre d'histoire, non un livre de parti. Vous n'y trouverez point l'accent des passions; vous y trouverez celui de la Vérité!

Français ! souvenez-vous de la France. Sachez par quelle route vos pères ont été conduits à la Liberté. Sachez quelles mains les guidèrent dans les périls de cette marche. Les révolutions modernes vous ont distraits de ce souvenir; et voulant aller à d'autres conquêtes, vous êtes arrivés tantôt à l'anarchie et tantôt à la servitude. Français ! relisez votre histoire; c'est de vous-mêmes que vous devez recevoir l'enseignement de la liberté, de l'ordre et de la gloire.

POLITIQUE ROYALE.

La Révolution française, même en ce qu'elle eut de plus violent, n'attesta pas seulement la perversité d'un petit nombre avide d'extermination; elle attesta surtout les méprises de tout un peuple avide de liberté.

L'erreur capitale de la Révolution, à supposer qu'elle y mit quelque préméditation politique, fut de tourner ses forces de destruction sur la Royauté.

Elle oublia que la Royauté avait servi d'instrument à la liberté nationale par un travail de dix siècles. Œuvre mêlée de passions et de fautes, qui en doute? mais, néanmoins, heureusement conduite à son terme malgré de grands obstacles et de grands périls.

L'histoire aussi avait eu des torts, un tort grave surtout, celui de n'avoir montré que les actions des Rois ; l'action royale semblait lui être inconnue.

De là, les inadvertances de la Révolution française. Elle arrivait, d'ailleurs, en un temps où les hommes, emportés par l'impatience des choses présentes, étaient mal disposés à réfléchir sur les choses anciennes ; tous secouaient le passé comme un vêtement en lambeaux ; et il est vrai qu'il ne s'offrait plus qu'avec des altérations qui semblaient motiver ce besoin de courir vers des nouveautés inconnues.

Le temps est venu de redresser la pensée des hommes et de corriger l'erreur des peuples.

L'histoire des Rois est dans les livres ; ce qui n'y est pas, c'est la POLITIQUE ROYALE : la France a besoin de la connaître.

Et, par ces mots de POLITIQUE ROYALE, il ne faut pas entendre une POLITIQUE qui serait distincte de l'action propre de la Nation sur elle-même. Au contraire, la POLITIQUE ROYALE n'a de réalité qu'en ce qu'elle se conforme à la pensée même de la Nation; de telle sorte qu'il serait aussi juste de l'appeler NATIONALE que ROYALE, la Nation ayant servi d'inspiration, et la Royauté d'instrument à cette POLITIQUE.

La POLITIQUE ROYALE était née avec la Monarchie; s'appuyant sur le Christianisme, elle lutta durant douze siècles pour l'unité et la liberté de la Nation.

Vous voyez cette POLITIQUE se transmettre d'âge en âge et de règne en règne, au travers des révolutions qui changent incessamment la face de la société.

Partant elle est distincte de la politique ministérielle, dont le caractère est fugitif, et dont le génie, le plus souvent, est de s'ajuster à la variété des circonstances et à la mobilité des passions.

La POLITIQUE ROYALE n'est ici envisagée qu'au point de vue de la France.

Le sujet serait différent, s'il la fallait envisager au point de vue des autres États.

Nulle gloire ne manqua à la POLITIQUE ROYALE : ni la gloire de la paix, ni la gloire de la guerre, ni la gloire de la puissance, ni la gloire même du malheur. Sa première gloire fut d'avoir fondé la liberté du peuple.

Calcul! ont crié des philosophes. Soit! Mais calcul admirable et digne d'être béni, si son terme fut la liberté.

Dès le début, la POLITIQUE ROYALE se révèle. Vous découvrez son génie, même dans les déchiremens de la première race. La conquête apparaît dans les Gaules avec son cortége de tyrannies éparses; la POLITIQUE ROYALE les subordonne aussitôt aux mœurs et aux lois des vaincus : c'est la conquête qui est domptée.

Le baptême de Clovis, au point de vue chrétien, se rattache à un ordre d'idées qui touche au ciel; au point de vue humain, il indique un parti pris de liberté qui n'est pas sans mystère : miracle dans la légende, il est miracle encore dans la politique.

La conquête se faisant chrétienne, se fondait

dans le peuple conquis; la POLITIQUE ROYALE a sa racine aux fonts baptismaux de Reims.

Remarquez que la barbarie n'allait pas, pour cela, perdre, par rapport à elle-même, ses allures de crimes et d'atrocité. Mais, en regard des Gaules, elle allait obéir à une impulsion d'humanité et de justice. Tandis que la race royale s'abîmerait dans les meurtres, elle laisserait la nation gauloise s'en aller à sa destinée.

La deuxième race s'absorbe dans un homme, et cet homme est l'expression chrétienne de la nation gauloise.

Les philosophes légistes ont disputé sur l'avènement de cette race. L'histoire y montre l'avènement de la nation même.

Jusque-là les révolutions de palais s'étaient consommées en dehors de l'action comme aussi de l'intérêt du peuple. Quand elles eurent épuisé le sang de la conquête, le peuple apparut, et il s'appela CHARLEMAGNE.

Cette vie de Charlemagne est quelque chose de merveilleux : c'est l'introduction publique du Christianisme dans la politique; c'est la première période de la civilisation moderne; c'est quelque autre chose encore : c'est l'action propre, individuelle, personnelle de la France, dans le renouvellement du vieux monde, du monde payen, du monde romain, du monde barbare. GESTA DEI PER FRANCOS !

Charlemagne réalisa cette action par le glaive, mais surtout par la loi.

Les Capitulaires de Charlemagne sont célèbres; nulle étude ne saurait être plus méditée : les Capitulaires sont l'initiation de l'Europe à la liberté !

« Les Francs, dit Éginhard, sont régis, dans une foule de lieux, par deux lois très différentes (1). Charles s'était aperçu de ce qui y manquait. Après donc que le titre d'empereur lui eut été donné, il s'occupa d'ajouter à ces lois, de les faire accorder dans les points où elles différaient, de corriger leurs vices et leurs funestes extensions (2). »

Un des Capitulaires détermine la manière dont la loi sera faite.

« Que le peuple soit consulté sur les *chapitres* qui auront été ajoutés à la loi ; et lorsque tous auront donné leur assentiment, qu'ils apposent

(1) Il parle de la loi salique et de la loi ripuaire.

(2) *Vie de Charlemagne.*

sur les *chapitres* leurs suscriptions et leurs adhésions (1). »

De là, la maxime : « La loi dérive de la constitution du Roi et du consentement du peuple (2). »

Comment ce mot *peuple* doit-il être entendu? Le sens en est ambigu dans l'histoire. Ce qui reste net, c'est que la POLITIQUE ROYALE opposait, dès lors, à la prépondérance des LEUDES (*fidèles*, *seigneurs*, *comtes*, *comites*), les diètes du Champ-de-Mai, où devaient paraître tous les hommes libres : ces assemblées générales ne délibéraient point la loi ; elles la recevaient et la consacraient par l'assentiment. C'était un magnifique préliminaire de la liberté !

L'âge présent s'étonnera si on lui dit que cette liberté eut sa ratification dans l'Église. L'Église, par sa constitution, avait devancé la société politique ; Charlemagne appela son autorité, non seulement pour la confirmation, mais pour l'application de ses lois.

Un Capitulaire ordonnait de ramener à la juridiction ecclésiastique, tout procès civil déjà commencé devant le juge ordinaire, sur la demande d'une des parties ; « parce que, disait-il,

(1) Apud BALUZ., Capit. III, ann. 803, caput 19.

(2) Lex ex constitutione regis et consensu populi.

BALUZ. Præf.

l'autorité de la sainte Religion pénètre et résout bien des difficultés qui ne se peuvent saisir dans le jugement d'une prescription captieuse. » La sentence de l'évêque était sans appel.

Il y avait là autre chose qu'un signe de la domination des évêques; il y avait la révélation du travail qui associait les deux grandes forces du moyen-âge, l'Église et l'Empire, pour le renouvellement du monde par l'ascendant des idées morales et populaires.

Ainsi prit naissance le droit commun, mêlé de droit romain, de droit canonique et de droit germanique, ensemble admirable d'où devait sortir la prééminence de l'autorité sur la force, de la civilisation sur la barbarie.

Il est curieux d'indiquer les nations qu'embrassait cette juridiction nouvelle, mêlée de conquête et de justice. Elle comprenait, dit Baronius, les Romains, les Francs, les Alamans, les Bavarois, les Saxons, les Thuringiens, les Frisons, les Gaulois, les Burgondes, les Bretons, les Langobards, les Vascons, les Bénéventins, les Goths et les Espagnols; c'était toute l'Europe chrétienne (1).

Et notez que la POLITIQUE ROYALE avait cepen-

(1) BARONIUS ad ann. 801.

dant laissé à chaque peuple ses coutumes et son droit propre. Charlemagne respectait tout ce que le temps avait fait de bon, et aussi les peuples gardèrent long-temps le souvenir de sa puissance de législateur. « Il a fondé et protégé la fidélité et la vérité ; il a établi toutes les anciennes lois du peuple et les droits du pays, et il a donné à chaque pays son propre droit. » Ainsi disait une chanson populaire des Frisons (1). Le génie de la POLITIQUE ROYALE fut de transformer, non de détruire. L'humanité est une succession ; si la succession est interrompue, le monde souffre ; ce qui s'est appelé de nos jours du nom de révolution, n'a été le plus souvent qu'un affreux déchirement de la société.

Ce n'est point le lieu d'exposer l'économie des Capitulaires. Rien n'y est omis. La police, le commerce, l'armée, la justice, l'industrie, l'ordre extérieur de l'Église, l'administration publique de l'Empire, tout est réglé avec prévoyance, et toujours dans une pensée de liberté et de justice. Qui ne sait l'office protecteur et

(1) PFISTER. *Hist. d'Allemagne*, lib. I.

populaire des *envoyés royaux, missi Dominici?* La maison privée de l'Empereur n'échappe pas à la savante organisation. « Charlemagne, dit Montesquieu, mit une règle admirable dans sa dépense; il fit valoir ses domaines avec sagesse, avec attention, avec économie : un père de famille pourrait apprendre dans ses lois à gouverner sa maison. » On dirait, à ce dernier mot, un empire qu'aurait rêvé Fénélon.

Mais voici une pensée qui resplendit sur toute cette œuvre de POLITIQUE ROYALE.

Ce n'était point assez d'organiser l'Empire par des lois, il fallait créer une société digne de ces lois. Ce fut l'office de l'éducation.

A cette époque se rapportent les fondations d'écoles, ces grandes sources de la liberté.

Un fragment de vieille chronique, souvent cité, mérite d'être cité une fois de plus.

Charlemagne avait appelé dans les Gaules tout ce qu'il avait pu d'instituteurs de la jeunesse. « Le Roi, dit le chroniqueur, partant pour ses guerres, confia à Clément un grand nombre d'enfans appartenant aux plus nobles familles, aux familles de classe moyenne et aux plus basses ; afin que le maître et les élèves ne manquassent point du nécessaire, il ordonna de leur fournir tous les objets indispensables à la vie, et assigna pour leur habitation des lieux commodes...,. Après une longue absence, le très victorieux Charles, de retour dans la Gaule, se fit amener les enfans remis aux soins de Clément, et voulut qu'ils lui montrassent leurs lettres et leurs vers. Les élèves sortis des classes moyenne et inférieure, présentèrent des ouvrages qui passèrent toute espérance, et où se faisaient sentir les plus douces saveurs de la science ; les nobles, au contraire, n'eurent à produire que de froides et misérables pauvretés. Le très sage Charles, imitant alors la justice du souverain juge, sépara ceux qui avaient bien fait, les mit à sa droite, et leur dit : « Je vous loue beaucoup, mes enfans, de votre zèle à remplir mes intentions et à rechercher votre propre bien de tous vos moyens. Maintenant efforcez-vous d'atteindre à la perfection ; alors je vous donnerai de riches évêchés, de magnifiques abbayes, et vous tiendrai toujours comme gens considérables à mes yeux. » Tournant ensuite un front irrité vers les élèves demeurés à sa gauche, portant la terreur dans leurs consciences par son regard enflammé, tonnant plutôt qu'il ne parlait, il lança sur eux ces paroles pleines de la plus amère ironie :

« Quant à vous, nobles, vous, fils des principaux de la nation, vous, enfans délicats et tout gentils, vous reposant sur votre naissance et votre fortune, vous avez négligé mes ordres et le soin de votre propre gloire dans vos études, et préféré vous abandonner à la mollesse, au jeu, à la paresse ou à de futiles occupations. » Ajoutant à ces premiers mots son serment accoutumé, et levant vers le ciel sa tête auguste et son bras invincible, il s'écria d'une voix foudroyante : « Par le Roi des cieux, permis à d'autres de vous admirer; je ne fais, moi, nul cas de votre naissance et de votre beauté; sachez et retenez bien que si vous ne vous hâtez de réparer par une constante application votre négligence passée, vous n'obtiendrez jamais rien de Charles (1). »

La POLITIQUE ROYALE éclate dans cette page du chroniqueur. Le mérite, le savoir, la vertu, voilà les titres devant le prince.

Or, cette pensée d'équité a un caractère plus général et plus profond qu'on ne l'a soupçonné

(1) *Le Moine de Saint-Gall*. Édit. de M. GUIZOT.

peut-être. En affermissant la prééminence des vertus populaires, elle consommait la domination de la Gaule sur la conquête; elle rétablissait l'action naturelle de la patrie sur elle-même. Ainsi la POLITIQUE ROYALE s'implantait dans le sol par la science et par les idées, comme elle s'y était implantée par la justice et par les lois.

Telle est la POLITIQUE ROYALE dans la deuxième race. Et dès ce moment prévenons une objection.

Ce sont là des inspirations de génie exceptionnelles et fugitives!

Il est vrai! le génie descend rarement du ciel; serait-ce que, pour cela, la terre aurait moins à le bénir!

Mais si tous les Rois ne sont pas envoyés pour remplir leur office avec le même éclat, encore suffit-il que la Royauté révèle sa POLITIQUE par quelques rares caractères qui dominent ensuite tous les autres, et les poussent, en dépit de l'imbécillité ou de la passion, vers le but commun de l'humanité.

La POLITIQUE ROYALE se révèle jusque dans les

obstacles qu'elle rencontre et dans les périls qu'on lui suscite.

Après Charlemagne paraît un Roi débile. L'histoire semble s'être fait un jouet de la mémoire de Louis-le-Débonnaire, à qui elle a ôté jusqu'à son surnom primitif de Louis-le-Pieux. Elle n'a pas pris la peine d'expliquer sa destinée; elle a trouvé plus juste de rire de ses malheurs. Triste philosophie qui supplée à l'étude par la dérision, et, pour paraître supérieure, affecte d'être sans pitié!

Louis-le-Pieux fut coupable de succéder à un monarque qui avait contenu son siècle tout en le poussant fortement dans une voie où il n'allait pas de lui-même.

A la mort de Charlemagne, il arriva ce qui arrivera toujours après ces puissantes impulsions de l'humanité; il se fit une réaction en sens inverse, et Louis-le-Pieux manqua de génie pour la dompter.

Il est aisé de voir, dans ce travail, un retour du vieux esprit franc, luttant contre la pensée chrétienne ou gauloise (1) : la dégradation de Louis était l'expiation de l'affranchissement du peuple et de l'unité de l'Empire.

Et cependant la rénovation sociale survivait en des maximes admirables d'équité, promulguées

(1) Lisez THEGAN, *Vie et Actions de Louis-le-Pieux.*

par les conciles, cette représentation permanente du droit national. Voici quelques unes de ces maximes :

— « Le ministère royal consiste à gouverner le peuple de Dieu et à le régir avec équité et avec justice.

— » Le Roi est d'abord le défenseur des Églises et des serviteurs de Dieu, des veuves, des orphelins, des autres pauvres, de tous les indigens.

— » Sa sollicitude et son zèle ont pour objet, autant qu'il est possible, d'empêcher qu'il ne se fasse pas d'injustices ; puis, s'il y en a de commises, de ne les point laisser subsister, et de ne laisser à qui que ce soit l'espoir de jouir de sa faute et la sécurité de son méfait.

— » Celui qui est le juge des juges doit laisser venir à soi la cause des pauvres, de peur que ceux qu'il a établis pour tenir sa place dans le peuple, ne laissent souffrir aux pauvres des oppressions injustes (1). »

Louis-le-Pieux disait qu'*en sa personne résidaient la force et le fondement de l'autorité ; mais que les lois divines et humaines rendaient ses Féaux participant de son auguste ministère, et qu'ils*

(1) Conciles d'Aix et de Paris. Apud BALUZ., Capit. additio secunda, tom. I.

devaient travailler à mériter le titre glorieux de coadjuteur du souverain (1).

Quelques Capitulaires publient des prescriptions en rapport avec ces maximes populaires :

— « Si les envoyés trouvent de mauvais scabins (échevins), qu'ils les chassent, et, par le concours de tout le peuple, qu'ils en mettent de bons à leur place.

— » Quiconque entre les scabins aura été surpris juger injustement, soit à cause de présens reçus, soit par amitié ou inimitié, nous voulons qu'il vienne en notre présence. — Qu'il soit déclaré à tous scabins que nul n'ait désormais à vendre une sentence, fût-elle juste. — Que les envoyés fassent connaître aux comtes et au peuple que chaque semaine nous voulons siéger un jour pour entendre et juger les causes (2). »

La POLITIQUE ROYALE témoignait de la sorte de son esprit vivace ; si ce n'est que l'énergie était absente. Dans la conduite des peuples, la droiture est impuissante si elle n'est soutenue d'une volonté forte et d'une résolution intrépide.

Vous trouvez dans les Capitulaires de Charles-

(1) Apud BALUZ., add. quarta, an 829.

(2) Apud BALUZ.

le-Chauve les mêmes sujets d'étude et les mêmes motifs de jugement. Mais c'est à l'avènement de la troisième race que commence une ère grande et nouvelle de POLITIQUE ROYALE.

Le mot d'usurpation a long-temps assombri dans l'histoire l'apparition des Rois de cette race.

Une philosophie plus sûre a, de nos jours, éclairé cette question précédemment voilée d'obscurités.

Désormais nous savons ce qu'il y eut de prédestiné dans la race de Robert-le-Fort.

La famille de Charlemagne périssait dans les partages d'empire et dans les réactions de politique franque. Tout-à-coup, les invasions normandes assaillirent ces débris d'autorité. Un siècle et demi s'écoula dans l'anarchie; le peuple vit apparaître au dessus de sa tête des noms vengeurs: Robert-le-Fort, Eudes son fils, Hugues-le-Grand, opposaient leurs vaillantes épées à l'invasion barbare; ils protégeaient la cité de Paris, ses temples, ses saints populaires. Ils avaient repris l'office royal de défense nationale. Le sceptre était brisé. La succession royale produisait depuis cent ans des fictions d'empire sous des noms d'enfans, la force des choses amenait une réalité de puissance; la troisième race fut inaugurée dans la gloire et dans la liberté.

Que ces explications de l'histoire ne soient pas une apologie des violations de la grande et sainte loi qui préside à la transmission de la Royauté dans les Monarchies libres et héréditaires.

Le mot d'usurpateur garde à jamais sa signification dans toutes les langues; mais il emporte une idée de violence et de rapt qui ne se trouve point dans l'élévation de la troisième race. C'est tout ce que veut dire l'histoire; et cela suffit, non à l'apologie, mais à la gloire des fils de Robert-le-Fort.

Aussi bien la troisième race n'est, durant près de neuf siècles, que l'instrument providentiel du génie national. La POLITIQUE ROYALE est la politique de la France; c'est Dieu qui l'inspire, selon ses desseins de liberté sur le monde. De là l'admirable désignation de MAISON DE FRANCE, donnée dans la suite des temps à la grande race de Hugues-Capet, comme pour dire que cette race a sa vie dans la France, et aussi que la France a sa vie en elle. Nulle autre part l'histoire ne nous avait montré cette sublime assimilation du peuple et de la Royauté.

Pour bien entendre l'office social de la troisième race, il faudrait avoir présent, comme en un tableau, l'état de la France à la fin du xe siècle.

Charlemagne, le génie de l'Église, avait épuisé sa vie à la fusion des Francs et des Gaulois sous une seule autorité. Cette simplicité d'empire heurtait des instincts et des passions qui attendirent le temps propice pour échapper à l'égalité.

La politique royale avait fait effort pour élever le peuple par la science d'abord, par les honneurs ensuite; les grands et les seigneurs opposèrent à ce mouvement l'organisation des fiefs. « Le royaume de France, dit le président Hénault, était tenu selon la loi des fiefs, se gouvernant comme un grand fief plutôt que comme une Monarchie. » Dans cette situation le peuple ne pouvait être fort que par la force de la Royauté; d'autre part, le système des fiefs tendait à rendre la royauté débile : ces deux impulsions contraires présentent toute l'explication des luttes de la Royauté et de la féodalité jusqu'à l'établissement définitif de la Monarchie.

Or, remarquez que sous les descendans inertes de Charlemagne, pendant un siècle et demi, la réaction de la conquête s'établit à l'aise par une organisation complexe mais savante. C'est ce système qu'il faut bien entendre. Montesquieu le résume en deux endroits :

« J'ai parlé, dit-il d'abord, de ces volontaires qui, chez les Germains, suivaient les princes dans leurs entreprises. Le même usage se conserva après la conquête. Tacite les désigne par le nom de compagnons (*comites*) ; la loi salique, par celui d'hommes qui sont sous la foi du Roi (*qui sunt in truste Regis*) ; les formules de Marculfe, par celui d'antrustions du Roi (du mot *trew*, qui signifie *fidèles* chez les Allemands, et chez les Anglais *true*, *vrai*) ; nos premiers historiens, par celui de *leudes*, de fidèles (*leudes*, *fideles*) ; et les suivans par celui de vassaux et seigneurs (1). »

Plus loin il ajoute :

« L'hérédité des fiefs et l'établissement des arrières-fiefs, éteignirent le gouvernement politique et formèrent le gouvernement féodal. Au lieu de cette multitude innombrable de vassaux que les rois avaient avec eux, ils n'en eurent plus que quelques uns dont les autres dépendirent. Les Rois n'eurent presque plus d'autorité directe : un pouvoir qui devait passer par tant d'autres pouvoirs, et par de si grands pouvoirs, s'arrêta ou se

(1) *Esp. des Lois*, liv. xxx, ch. xvi.

perdit avant d'arriver à son terme. De si grands vassaux n'obéirent plus, et ils se servirent même de leurs arrière-vassaux pour ne plus obéir. Les Rois, privés de leurs domaines, réduits aux villes de Reims et de Laon, restèrent à leur merci. L'arbre étendit au loin ses branches, la tête se sécha. Le Royaume se trouva sans domaine, comme est aujourd'hui l'empire. On donna la couronne à un des plus puissans vassaux (1). »

De son côté Châteaubriand a trouvé, selon sa coutume, des images pittoresques pour exprimer cette organisation de pouvoir.

« Le monarque n'est plus le chef que de nom d'une aristocratie religieuse et politique, dont les cercles concentriques se vont resserrant autour de la couronne. Dans chacun de ces cercles s'inscrivent d'autres cercles qui ont des centres propres à leurs mouvemens ; la Royauté est l'axe autour duquel tourne cette sphère compliquée, république de tyrannies diverses (2). »

Ce point de départ bien marqué, vous avez la

(1) *Esp. des Lois*, liv. XXXI, ch. XXXII.

(2) *Etudes hist.*

révélation de la POLITIQUE ROYALE sous la troisième race.

La lutte fut ardente, passionnée, sanglante. Des deux parts il y eut des abus de la force, et la Royauté, pour être inspirée par des pensées d'affranchissement universel, ne fut pas exempte de personnalité jalouse et colère. Mais sans excuser les représailles, l'histoire indique les résultats ; et si les résultats même semblaient à quelques uns mauvais ou douteux, encore seraient-ils, pour tous, une démonstration des pensées systématiques de la Royauté.

La POLITIQUE ROYALE a voulu exterminer, et elle a exterminé de fait la *république de tyrannies diverses* dont parle Châteaubriand ; voilà l'assertion de l'histoire. Il ne faut rien de plus pour que la POLITIQUE ROYALE soit bien connue.

Et ce n'est point assez de saisir la pensée instinctive de la POLITIQUE ROYALE, il faut noter aussi, et surtout, la pensée instinctive de la liberté populaire, ces deux pensées se rencontrant pour converger vers un but commun, qui était l'unité de la Monarchie.

« Le Roy, dit Beaumanoir, est souverain par-dessus tous, et a de son droit le general garde du Reaulme, pourquoi il puet faire liex, establissemens, comme il li plest pour le quemun profict, et che que il etablit i doit estre tenu. » Et le président Hénault ajoutait en plein XVIIIe siècle : « N'altérons point des maximes si sages. *Eclairer le prince et lui obéir*, tels sont les vrais principes. »

Ainsi prononce le magistrat philosophe, et quelque antipathie que nous ayons désormais pour ces *maximes* et ces *principes* d'un âge sans analogie avec les temps nouveaux, encore faut-il voir que le peuple les avait long-temps embrassés avec amour, comme une défense et une force. *Si le Roi le savait !* criait le peuple ; c'était à la fois un cri de faiblesse et de liberté (1).

Le gémissement poussé vers le Roi, attestait l'office protecteur et populaire de la Royauté.

Le onzième siècle est une lente préparation de l'œuvre laborieuse de l'affranchissement populaire. Dans la confusion de la société politique, la constitution de l'Eglise s'était affaiblie. L'u-

(1) Voyez les *Remarques particulières* du président HÉNAULT sur la 3e race.

surpation était partout. Un pape hardi, Grégoire VII, jette son génie au travers du vaste travail qui tend à renouveler l'unité. Dieu même semble se rendre présent pour hâter cette œuvre, en remuant le monde par des évènemens sans exemple. L'enthousiasme naissant de la Croisade est le premier ébranlement du système féodal. On ne voit d'abord qu'une transformation des mœurs, des penchans et des idées. L'esprit de chevalerie prend naissance; c'est comme une apparition d'héroïsme poétique. Mais bientôt l'entraînement prend un aspect plus sérieux. La chevalerie devient une obligation de vertu. La féodalité se transforme; la piété entre dans la politique. Quelque chose d'inconnu s'agite dans la pensée humaine. L'idée de la liberté est confuse encore, mais le sentiment de la justice a fermenté dans les âmes; il ne s'agit que de l'exprimer dans les lois.

Louis-le-Gros fut le premier à réaliser dans la politique la nouveauté déjà insinuée dans les mœurs.

Mais, comme il arrive en ces rencontres, l'opposition fut vive, furieuse. La société n'entre pas en des voies nouvelles sans laisser après elle, dans les vieilles voies, des foules d'autant plus opiniâtres, qu'elles y sont affermies par la longue pratique d'un droit antérieur.

Louis-le-Gros et l'abbé Suger, deux génies dignes l'un de l'autre, attaquèrent les résistances, soit par le glaive, soit par la loi.

La POLITIQUE ROYALE commença dès lors l'émancipation populaire par la constitution ou la restitution des communes ; car les communes n'étaient pas un établissement nouveau ; la Gaule méridionale avait gardé la trace de cette liberté antique ; le germe s'en était ailleurs propagé : mais il mourait, étouffé sous le régime féodal, c'est ce germe que raviva Louis-le-Gros.

La même pensée donna lieu aux réformes de la justice. La juridiction royale plana sur les juridictions seigneuriales. Les *envoyés royaux* de Charlemagne furent renouvelés; ils renvoyaient à la cour du Roi les causes qui avaient été tranchées par le glaive des seigneurs. De là le *parlement du Roi,* et aussi les *cas royaux*, recours ouverts contre l'arbitraire.

« Ce droit de ressort de justice a dit Loyseau et après lui le président Hénault, est le plus fort lien qui soit pour maintenir la souveraineté. »

Mais la souveraineté du Roi était comme le droit du peuple. *L'appel au Roi* était l'appel à la liberté !

Louis-le-Gros avait émancipé les serfs dans ses domaines. Il avait institué les *Hôtels-de-Ville* avec un droit de justice particulière. Les échevins (scabins) eurent aussi leurs droits définis, et le maire fut gardien des immunités. Toute la vie de Louis-le-Gros s'écoula de la sorte, en luttes d'épée ou en efforts de liberté pour le peuple. Mourant, « il feit une bien belle exhortation à son fils... de conserver les lois, l'auctorité et dignité publique, et tranquillité et repos du commun : lui remonstrant que le Royaume n'estoit que comme une charge publique, donnée par provision ainsi qu'une tutelle, dont il fallait un jour rendre compte devant Dieu (1). »

Telle fut la POLITIQUE ROYALE du XIIe siècle.

L'abbé Suger continua sous Louis VII la forte et populaire politique de Louis-le-Gros; si ce n'est qu'il ne tira point le glaive et qu'il ne versa pas le sang. « Vertueux lion extérieurement, agneau intérieurement, et conduit par la main du Christ, il triompha, par les armes de la paix, des guerres qui déchiraient l'État (2). »

C'était le moment où saint Bernard remuait l'Europe sur sa base et la jetait armée sur l'Asie. Ce mouvement extraordinaire devait hâter d'un

(1) *Dialogue du Royaume*, M. D. LXXXIX.

(2) GUILLAUME, moine. *Vie de Suger*, liv. III.

siècle la liberté. L'épée des chevaliers, surmontée d'une croix, n'allait plus être un instrument de servitude, mais un signe de protection. La Croisade arrachait les seigneurs de leurs châteaux forts ; ils n'y devaient point rentrer tyrans, mais frères du peuple.

Ce n'est pas que la barbarie fût vaincue, ni que la Royauté dût être dès ce moment toujours bien inspirée. Mais l'impulsion était donnée ; elle survivait même dans les altérations de la politique.

« Puisque la méchanceté croît de jour en jour, dit le chroniqueur du règne, c'est à la majesté royale à pourvoir à la sûreté du Royaume, et à défendre ses sujets contre les attaques des méchans ; car si l'autorité des Rois ne veillait attentivement à la défense de l'État, les puissans oppprimeraient excessivement les faibles (1). »

Ce retour vers la Royauté attestait son office ; l'instinct poussait le peuple vers elle, comme vers son abri naturel.

Au reste, chaque génie de prince imprime un

(1) *Vie de Louis-le-Jeune.*

caractère propre et distinct à la POLITIQUE ROYALE.

Sous Philippe-Auguste elle revêt une forme d'émancipation qui rappelle l'âge de Charlemagne. Le glaive continue à briller dans les batailles; les lois continuent la conquête de la liberté. Mais l'affranchissement se révèle surtout par la propagation de la science et de l'éducation. Instruire le peuple, c'était *l'élever!* Cette admirable métonymie pouvait échapper à des grammairiens; elle ne devait pas échapper à des historiens et à des moralistes.

« En ce temps, dit le chroniqueur, l'étude des lettres florissait à Paris. Nous ne lisons pas que les écoles eussent été jamais fréquentées à Athènes ou en Egypte, ou dans quelque partie du monde que ce fût, par un aussi grand nombre de gens que ceux qui venoient habiter la dite ville, pour s'y livrer à l'étude (1). »

En même temps le commerce prospérait; l'industrie s'animait; la population croissait; Paris grandissait; les arts revivaient; les monumens, les palais, les temples se multipliaient; une architecture inconnue et poétique se révélait. Tout ce mouvement de renaissance était encore de la liberté.

(1) GUILLAUME LE BRETON.

A l'apparition de saint Louis, la POLITIQUE ROYALE revêt un caractère de piété et de sacrifice ; et l'histoire , pour raconter les bienfaits et les vertus de ce règne , prend d'elle-même un langage d'attendrissement qu'on dirait réservé à des récits de légendes.

Saint Louis tint l'épée avec éclat; mais ce qu'il commença par les batailles il l'acheva par la justice. Saint Louis est le grand justicier du moyen-âge.

Les justices partielles perpétuaient l'oppression féodale, saint Louis affermit les *cas royaux* par l'établissement des *baillis*; ce fut le couronnement du travail de deux siècles.

L'ordonnance qui instituait les baillis commençait en ces termes :

« DU DEVOIR DE ROIAL PUISSANCE.

» Voulons moult de cuer (cœur) la paix et le repos de nos sougés, en qui repos nous reposons, et si avons moult grant indignation encontre ceux qui injures leur font, et qui ont envie de leur pais et tranquillité (1). »

L'ordonnance prescrivait aux baillis de « *faire droit à chascun sanz excepcion de personnes, aussi aus pouvres come aus riches;* » « et garderont, di-

(1) *Ordonn. du Louvre*, tom. I, pag. 65. — Mém. de JOINVILLE.

sait-elle, les us et coutumes qui sont bones et éprouvées. » Elle entrait en des détails d'une minutie admirable, pour assurer l'intégrité des jugemens; et enfin elle posait en principe la responsabilité des agens du pouvoir, doctrine qui a de la réalité dans les âges de foi et de sincérité, et qui est nominale dans les temps de corruption et de vanterie.

« Et avec ce, prescrivait l'ordonnance aux baillis, ils jureront que ils ne feront ne prendront nul don quel que il soit, a leurs femmes, ne a leur enfans, ne a leur seurs, ne a autre persone tant soit privée d'eulz ;.... et avec ce il jureront que il ne retenront don nul, quel que il soit, de home qui soit de leur baillie.... »

Il est un point sur lequel saint Louis réglait l'intervention du peuple, c'est la *liberté des échanges*, point si nouveau de nos jours, et si passionnément débattu.

« Nous voulons que nul qui deffendre (que nul ne défende) de porter blé, ne vin, ne autres marcheandises hors de nostre Royaume; sanz cause nécessaire; et quand il convendra que deffense en soit faite, nous voulons quelle soit faite communement en conseil de preudoumes, sanz souspeçon de fraude ne de boidie (tromperie). »

Rien n'échappa à ce génie.

« La prevosté de Paris estoit lors vendue aus bourjois de Paris ou a aucuns, et quant il avenoit que aucuns l'avoit achetée, si soustenoient leur enfans et leur neveus en leur outrages; car les jouvenciaus avoient fiance en leur parens et en leur amis qui les tenoient. Pour ceste chose estoit le menu peuple défoulé, ne ne pouvoient avoir droit des riches homes, pour les grans presens et dons que il fesoient aus prevoz... Le Roy qui métoit grant diligence coment le menu peuple feust gardé, sot toute la vérité; si ne voult plus que la prevosté de Paris feust vendue; ainsi donna gages bons et grans a ceulz qui dès or en avant la garderoient; et toutes les mauvézes coustumes dont le peuple pooit estre grevé, il abattit; et fist en guerre par tout le Royaume et par tout le pays, où lon feist bonne justice et roide, et qui n'espargnast plus le riche home que le povre (1). »

Ainsi tout était ramené au bien du peuple; et « par cet amendement le Roy moult amenda le Royaume. »

Ses *Établissemens*, longuement et savamment

(1) *Ordonn. du Louvre.* — Mém. de Joinville.

préparés, embrassèrent toute la jurisprudence française : ce code est l'éternel étonnement des jurisconsultes et des politiques (1).

Comment tout dire en un travail qui n'est qu'un rapide passage au travers de l'histoire? Les actes de saint Louis sont connus du monde. Le peuple les bénit, les philosophes les louent, les académies les célèbrent.

Après avoir mis sa pensée d'affranchissement dans les lois, il la déposa comme une tradition sacrée dans son testament.

« Beau filz, la première chose que je t'enseigne et commande à garder, si est que de tout ton cueur, et sur toute rien, tu aymes Dieu.

— » Aies le cueur doux et piteux aux povres, et les conforte et aide en ce que porras.

— » Maintiens les bonnes coutumes du Royaume, et abbaisse et corrige les mauvaises.

— » Ayme ton honneur.

— » Fais droicture et justice à chacun, tant au pouvre comme au riche.

— » Maintiens les franchises et libertez, esquelles tes ansciens les ont maintenuz et gardez, et les tiens en faveur et amour.

— » Prens garde souvent à tes baillifs, pré-

(1) Voyez le Mémoire de M. Beugnot, *Essai sur les Institutions de saint Louis*.

vosts, et autres tes officiers, et t'enquiers de leur gouvernement, affin que si chose y a en eux à reprandre, que tu le faces (1). »

On dirait une politique extraite de l'Évangile : c'est la politique de l'égalité et de l'amour.

Toutefois, en marquant les phases par où la société politique allait arriver à l'unité, il est juste de noter un travail secret qui s'opérait à côté de cette grande transformation.

Deux forces avaient tendu, de concert, quoiqu'avec un office différent, à l'affranchissement du peuple, l'Église et la Royauté.

Une fois que la Monarchie serait sortie puissante de ce travail, il était à craindre qu'elle ne fît effort pour absorber en soi la deuxième force qui lui avait été long-temps associée ; mais, si la Royauté voulait dominer l'Église, l'Église, de son côté, voudrait garder l'initiative qu'elle avait eue ; de là, des conflits à prévoir et des déchiremens funestes. C'est ce qui arriva après saint Louis. La POLITIQUE ROYALE devint personnelle ; comme elle avait le sentiment de ses luttes pour

(1) JOINVILLE, liv. II.

la liberté, il lui arriva de vouloir être l'arbitre de toutes les libertés.

En ce seul mot se trouve l'explication des démêlés des Rois et des Papes, et particulièrement la lamentable querelle de Philippe-le-Bel et de Boniface VIII.

La liberté a souvent des méprises. La nation avait dû sa première défense à l'action de l'Église; se soustraire à cette action ressembla à un complément d'indépendance. Ainsi devait-il en arriver un jour à l'égard de la Royauté.

Mais, dans ces méprises même, l'unité nationale se réalisait par degrés, et le droit public suivait sa marche. Les principes étaient posés, bien que la pratique en fût quelquefois mal entendue. La POLITIQUE ROYALE se trompa souvent par rapport à elle-même; jamais par rapport au peuple.

L'établissement des corps judiciaires fut une des œuvres principales de la POLITIQUE ROYALE.

Philippe-le-Bel donna le premier, aux parlemens, une existence publique définitive.

Les recours à la justice royale, institués par Philippe Auguste et saint Louis, étaient restés indécis encore; Philippe-le-Bel les rendit permanens et réguliers.

« Ce fut l'institution des parlemens, dit Loyseau, qui nous sauva d'être cantonnés et démembrés comme en Italie et en Allemagne, et qui maintint ce Royaume en son entier. » — « Les parlemens ou cours de justice sous les trois races, ajoute le président Hénault, furent toujours l'ouvrage de nos Rois et dans leur disposition. »

Mais comme il arrive en toutes les institutions humaines, le parlement du Roi porta en lui-même un germe d'abus. Il était destiné à un grand office, celui de rendre justice au peuple. Il tendit à l'exagérer sans mesure, en s'attribuant le droit de délibérer la loi. Sur ce point, devaient un jour commencer les confusions et éclater de mortels conflits (1).

Mais la POLITIQUE ROYALE n'obéissait pas moins à son instinct, en instituant des corps judiciaires

(1) « Les jugemens étoient intitulés : *En l'audience tenue dans notre palais pour entendre et juger les causes de nos sujets*; ce qu'il est important de remarquer, parce que cet intitulé distingue plus sensiblement, dans les anciens monumens de notre histoire, la cour de justice de nos Rois, des assemblées du Champ-de-Mars, et écarte l'idée que les parlemens d'aujourd'hui fussent une émanation de ces grandes assemblées, par la ressemblance du mot de *parlemens*. » Le pr. HÉNAULT.

revêtus d'une puissance devant laquelle tout devait fléchir.

D'autre part, à côté de ces grandes organisations, la liberté politique retenait ses maximes, et les Rois aussi les promulguaient dans leurs actes.

Les communes n'existaient guère que dans les villes; les bourgs et les campagnes étaient peuplés de citoyens sans cité. Le servage subsistait. Louis-le-Hutin proclama, par une ordonnance, la *manumission* de tous les serfs de ses domaines.

« Comme, selon le droit de la nature, chacun doit naître franc... Nous, considérant que notre Royaume est dit et nommé le Royaume des francs, et voulant que la chose en vérité soit accordante au nom... Par délibération de notre grand conseil avons ordonné et ordonnons que généralement par tout notre royaume, franchise soit donnée à bonnes et convenables conditions... Et pour ce que les autres seigneurs qui ont hommes de corps, prennent exemple à nous de eux ramener à franchise, etc. (1). »

(1) Donné à Paris le tiers jour de juillet, l'an de grâce 1315. Citée par le président HÉNAULT. — *Variations de la Monarchie française.*

A la même époque se rapporte un édit portant : « Que l'on ne lèveroit tailles sur le peuple sans urgente nécessité, et de l'octroy des trois Estats (1). »

Ces mots *d'octroy* et de *trois Estats* rappellent les plus graves questions d'histoire et de politique. Il n'est ici question que de ramener la pensée sur les tendances opiniâtres et systématiques de la Royauté, par rapport à la liberté du peuple.

Dans cette vue, il est utile de citer quelques paroles du chancelier L'Hôpital, sur le droit des assemblées nationales.

« Il est certain que les anciens Roys avoient de coustume de tenir souvent les Estatz, qui estoient l'assemblée de tous les dicts sujetz ou députez par eux : et n'est autre chose tenir les Estatz que communiquer par le Roy avec ses sugetz, de ses

(1) Savaron, *Chronol. des Etats-Généraux.*

plus grandes affaires, prendre leur advis et conseil; ouyr aussi leurs plainctes et doléances; et les pourvoir ainsi que de raison...

» Les Estatz estoyent assemblez pour diverses causes : et selon l'occasion et les occasions qui se présentoyent, ou pour demander secours de gens et deniers, ou pour donner l'ordre à la justice et aux gens de guerre ou pour les appanaiges des enfans de France, comme advint au temps du Roy Louis unzième, ou pour parvenir au gouvernement du Royaume, ou autres causes (1). »

Et encore.

« Ce sont gens peult estre qui veulent seulz gouuerner et conduire tout à leur vouloir et plaisir, qui craignent leurs faitz estre cogneuz par aultres, assiègent le prince et gardent que nul n'aproche de luy; car de vouloir dire que toutes grandes assemblées sont à craindre et deuroient estre suspectes: ouy aux tyrans, mais non aux princes légitimes comme est le nostre. Et si nous regardons au temps passé pour nostre instruction à l'advenir, nous trouuerons que tous les Estatz qui furent oncques tenuz ont apporté profit et utilité aux princes, les ont secouruz à leur grand besoing, comme après la prinse du Roy Jehan, et

(1) Harangue *de par* le chancelier de L'Hospital, aux Estats d'Orléans, au mois de janvier M. D. LXI.

en autre temps que je tairay de peur d'estre long (1). »

Après ces graves paroles du célèbre chancelier, le résumé historique des États est superflu; et puis ces souvenirs sont aujourd'hui partout. Nous avons toutefois à rappeler quelques assemblées, pour expliquer la permanence du droit national dans les transformations de la Monarchie.

En 1316, il y eut assemblée de « plusieurs barons, nobles prélats et bourgeois, en la cité de Paris, lesquels tous ensemble approuvèrent le couronnement de Philippe-le-Long (2). »

En 1328, c'est une assemblée de *tous les Estats*, qui détermine et proclame le droit de Philippe de Valois à la couronne de France (3).

« Finalement parties ouyes, fut par les dits Estats prononcé arrest selon l'advis de tous les princes, prélats, nobles, gens de bonnes villes, justiciers et notables, prins et accordés par les

(1) Ibid., à Blois, par Julian Angelier, imprimeur et libraire, tenant sa boutique au Palais.

(2) Savaron, *Chronol.*

(3) Ibid. — Du Tillet en sa Chronique, etc.

contendans, par lequel fut au dit Philippe de Valois adjugé le Royaume de France, et fut déclaré leur vray Roy et souverain seigneur, privativement contre tous autres, et enjoinct à tous de le recognoistre tel et de luy obéir (1). »

En 1338-1339, l'édit célèbre de Louis-le-Hutin est sanctionné par les Etats.

« Environ ce temps en ensuivant le privilége de Loys Hutin Roy de France et de Navarre, fut conclud par les gens des Estats de France, présent le dict Roy Philippe de Valois qui s'y accorda, que l'on ne pourroit imposer, ne lever taille en France sur le peuple si, urgente nécessité ou évidente utilité ne le requeroit, et de l'octroy des gens des Estats (2). »

De 1355 à 1359, les Etats occupent, sous le Roy Jean, toute la politique.

Ils commencent par déclarer, « le clergé par la bouche de Monseigneur Jean de Craon, archevêque de Rheims, les nobles par la bouche du duc d'Athènes, et les bonnes villes par la bouche de Estienne Martel, lors prévost des marchands de Paris, qu'ils sont tous appareillés de vivre et mourir avec le Roy, et de mettre corps et avoir en son service, et de parler ensemble (3). »

(1) Savaron. *Chronol.* — Froissard. — Guill. de Nangis.

(2) Rosier de France. — Ibid.

(3) *Grandes Chroniques.*

Puis ils octroyent des deniers au Roi, avec la mémorable réserve d'un droit de surveillance décerné à un certain choix de députés généraux en chaque province.

« Le Roy jura de ne faire employer à autre usage ses deniers que pour le fait de la guerre, comme aussi ces députés généraux jurèrent sur les saints Evangiles qu'ils ne les convertiroient ailleurs, nonobstant quelques mandemens qu'ils en eussent du Roy. Et s'il advenoit que soubz ombre de quelques impètrations, les officiers du Roy les voulussent contraindre d'intervertir en autres usages ces deniers, permis aux députés généraux de s'y opposer par voye de fait, voire d'implorer tout confort et ayde des bonnes villes circonvoisines à cet effect (1). »

Rien ne manque, on le voit, à la liberté ! Vous en retrouvez la pratique accommodée aux temps divers. La liberté est féconde sous le roi Charles V, le réparateur des maux publics.

Sous Charles VI, l'anarchie des princes la rend infructueuse, fatale même.

(1) SAVARON. — Recherches de PASQUIER, liv. II.

Et toutefois dans cet affreux désordre des Armagnacs et des Bourguignons, des *ordonnances royaux* règlent des réformes d'abus comme en un temps de paix et de raison. Il y a dans ces ordonnances des prescriptions qui attestent un soin minutieux de la liberté (1). « Voulons et ordonnons que aucun dores navant ne soit prévost de Paris se il est né d'icelle prevosté, et aussi que aucun ne soit fait séneschal ou bailly du lieu, seneschaucie ou bailliage où il aura esté né. Et defendons très estroictement à tous ceux prevosts, seneschaux ou baillifs, qu'ils ne facent aucuns acquests de heritaiges ou biens immeubles en leur prevosté, seneschaucé ou bailliage, ne des subjects d'icelle quelque part que ce soit. »

Plusieurs articles interdisent toutes sortes de dons, *or*, *argent ou autre chose*, faits aux prévôts, sénéchaux, baillis et autres juges.

Un article interdit toutes *lettres de vivre sur nos subjets* en faveur des *capitaines ou autres meneurs de gens d'armes*, « dont notre pauvre peuple a été moult foullé, pillé, et dommagié en biens et en chevaux. »

On était à une de ces époques où la sagesse

(1) Ordonnances royaux publiées en la cour du Parlement en la présence du Roy notre Sire, tenant le lict de justice les xxv, xxvi, xxvii jour de mai m. cccc. et xiii.

des règlemens fait contraste avec l'anarchie; ce ne sont pas les principes qui manquent, c'est l'application.

Sous Charles VII, la liberté n'est pas dans les ordonnances; elle est dans le patriotisme, armé de l'épée.

Sous Louis XI, la liberté reprend son caractère politique, mais en se conformant à la nature du prince. « Le Roy vouloit tousjours procéder en grande solemnité. Parquoy fist tenir les *trois Estats* à Tours ès mois de mars et d'avril 1470; ce que jamais n'avoit fait ny ne fist depuis; mais il n'y appella que gens nommez, et qu'il pensoit qu'ils ne contrediroient point à son vouloir (1). »

Et encore ce Louis XI, si sottement impopulaire, avait sa manière de servir la liberté du peuple. L'histoire ne vous a pas appris qu'il ait choisi le *menu* pour le frapper; c'est au sommet qu'il portait ses coups. Puis il avait aussi sa philosophie de Roi, et il est juste de la rappeler :

« Quand les Rois ou les princes, dit-il, ne ont égard à la loi, en ce faisant ils font leur peuple serf, et perdent le nom de Roi : car nul ne peut être appelé Roi, fors celui qui règne et seigneurie sur les francs (libres); car les francs de nature aiment leur seigneur, mais les serfs natu-

(1) Philippe de Commines, liv. iii. ch. i.

rellement le héent, comme les esclaves leurs maîtres. Un Roi régnant en droit et en justice, est Roi de son peuple, et s'il règne en iniquité et en violence, combien que ses sujets le tiennent à Roi, toutefois leur volonté et leur courage s'inclinent à un autre... C'est plus grande chose pour un Roi de savoir seigneurier sa volonté, que de seigneurier le monde de Orient en Occident (1). »

Ainsi, sous des formes variées, la liberté est établie et enracinée ; et le caractère privé des Rois ne saurait nuire à l'œuvre instinctive de la Royauté.

Sous Charles VIII, les Etats tenus à Tours (1483), reviennent au vieux droit.

La harangue faicte devant le Roy Charles VIII en son conseil par honorable homme maistre Jean de Rely, docteur en théologie et chanoine de l'Église de Paris, esleu et député par les trois Estats, à ce faire, est un des plus beaux monumens de la liberté nationale (2). Là tout est passé en revue, clergé, noblesse, judicature, armée.

« Il est écrit en Hiérémie, dit l'orateur des États, que a office de Roy appartient principale-

(1) *Rosier des Guerres*, ch. 3 de justice.

(2) A Paris par Jean Dallier, libraire, demeurant sur le pont Saint-Michel, à l'enseigne de la Rose Blanche, 1561, AVEC PRIVILÉGE DU ROI, ET DE SA COUR EN PARLEMENT.

ment de relever les pauvres d'oppression ; et que si le Roy, par inadvertance ou autrement, les laisse opprimer et molester, qu'il mescherra au Roy et au Royaume.

» L'expérience, Sire, montre que le bon sang court tousjours à la partie blessée, si sommes icy pour et au nom du pauvre peuple de France, tant affligé que plus n'en peut, devant le meilleur sang, le plus piteux et plus certain qui soit au monde : c'est devant le très noble sang de la maison de France, qui a accoustumé subvenir aux oppressions par toute chrestienté. A l'huys de laquelle maison sommes icy assemblez pour demander grâce, miséricorde et relevement des grands oppressions, travaux et molestations que ont souffert par ci-devant toutes les parties de ce Royaume, pour les affaires et turbations des temps précédens.

» Et pour ce, Sire, que nully ne sauroit mieux exprimer la douleur d'un patient, que celuy qui la seuffre, ne plus certainement parler d'une chose que celuy qui l'a veüe : ceux, Sire, qui ont porté, senty et veus les griefs et molestations qu'on a fait en ce Royaume, et ès parties adjacentes, les ont redigés par escrit en un beau cayer qu'ilz vous font présenter, afin que plus vivement et plus certainement soyez informé de tout. Si vous supplient par ma bouche en toute humilité, révérance et subjection, que devant vostre royalle Majesté, lecture soit faicte d'iceluy cayer. »

Humilité, *révérance* et *subjection*, formes tempérées de la liberté, qui donnent au langage des États une expression solennelle et une autorité imposante.

Le tableau de la France est présenté en deux cent cinquante pages, dont nul pouvoir contemporain ne supporterait l'énergie; après quoi les États prononcent : « Que toutes les tailles et autres equipolens aux tailles extraordinaires, qui par cy devant ont eu cours, soient du tout tollues et abolies, et que désormais, en ensuivant la naturelle franchise de France et la doctrine de saint Loys, « qui commanda et bailla par doc- » trine a son fils de ne prendre ne lever taille » sur son peuple sans grand besoing et néces- » sité, » ne soient imposées, ny exigées les dites tailles, ny aydes equipolens a tailles, sans premièrement assembler *les dicts trois Estats*, et déclarer les causes et nécessitez du Roy et du Royaume, pour ce faire, et que les gens des dicts Estats le consentent, en gardant les priviléges de chacun pays (1). »

(1) SAVARON. — *Chronol. des Estats-Généraux.*

Le texte même de l'octroy des subsides mérite d'être noté.

« Pour subvenir aux grands affaires du dit seigneur, tenir son Royaume en seureté, payer et soudoyer des gens d'armes, et subvenir a ses autres affaires, les trois Estats luy octroyent par manière de don et octroy, et non autrement, et sans ce qu'on l'appelle d'oresnavant tailles, ains don et octroy, telle et semblable somme que du temps du feu Roy Charles septiesme estoit levée et cueillie en son Royaume, et ce pour deux ans prochainement venans, tant seulement et non plus, pourveu que la dicte somme sera justement esgalée et partie sur tous les pays estans soubs l'obéyssance du Roy, qui en ceste présente assemblée ont esté appellez et convoquez (1). »

Rien de plus expressif et de plus formel que de telles déclarations ; la liberté moderne avait pensé aller au delà ; elle n'y a pas atteint.

Toutefois, le droit s'altère dès ce moment. Des assemblées reparaissent sous Louis XII, François Ier, Henri II, François II ; mais avec une

(1) Ordre des Estats tenus à Tours soubs le Roy Charles VIII. A Paris, chez Jean Corrozet, au Palais, etc., 1614.

sorte d'hésitation qui semble tenir à l'intervention du parlement dans le droit politique, source de troubles et de périls dans l'Etat. Mais, dans cette altération même du droit, la POLITIQUE ROYALE maintient la liberté par la modération de l'Empire. On sait les belles ordonnances de Philippe de Valois, de Charles V, de Louis XII, portant injonction aux magistrats de ne jamais déférer aux lettres closes qui blesseraient les lois, leur commandant de n'y avoir point d'égard, quelques ordres qu'ils en eussent du Roi, *sous peine d'être réputés infracteurs des ordonnances* (1).

Puis, par intervalle, reparaissaient, bien que modifiées, les formes antiques de la liberté !

Sous Charles IX, il y eut une assemblée d'Etats à Orléans, plus conforme aux vieux souvenirs. C'est là que le chancelier L'Hôpital prononça cette harangue citée, pleine de maximes de franchise populaire, et aussi de paroles de paix entre les partis qui commençaient à désoler la France (2).

« La dernière partie de nostre propos, disait en finissant le chancelier, sera que le Roy et la Royne entendent que avecq toute seureté et liberté vous leur proposerez vos plainctes, doléan-

(1) 9 décembre 1344, 19 mars 1359, 22 décembre 1499.

(2) Janvier 1561.

ces et autres requestes quilz recepvront benignement, et gracieusement y pourvoyront en telle sorte que vous cognoistrez quilz auront plus desgard à vostre profit que au leur propre, qui est l'office d'un bon Roy (1). »

Le *Tiers Estat* répondit à cet appel de liberté par un exposé de griefs qui se terminait en ces termes :

« Sire, une des choses mieux convenans à un Roy c'est de ne vouloir qu'aucun parte de luy et devant Sa Maiesté mal content ou triste. Ce que pourroit faire vostre peuple, si daventure leurs deleguez et deputez retournoient ez pays et provinces dont ilz sont venuz a si grand fraiz, sans responce raisonnable sur les requestes et demandes qui vous ont esté faictes présentement, et autres contenues en leurs cahiers, chose qui pourroit, oultre le dommage de vostre Estat publicq, mettre pour lavenir vostre peuple hors despoir par aucun moyen dobtenir de vostre Maiesté ce qu'ilz verroient estre necessaire pour vostre service (2). »

Mais la POLITIQUE ROYALE était, depuis un demi-

(1) A Blois, chez JULIAN ANGELIER.

(2) Imprimé à Blois, avec permission de M. le Bailly, etc. Edition curieuse.

siècle, attaquée dans son développement par des dissensions d'une nature autrefois inconnue, à savoir par l'anarchie des sectes.

L'histoire n'a point assez vu jusqu'à ces derniers temps, la part politique que prirent à ces nouveautés les restes de la féodalité vaincue par les Rois.

Comme la Réforme protestante venait au monde sous le nom de la liberté, il se fit à l'instant des méprises; et ces méprises ont duré deux siècles, et, à l'heure qu'il est, elles gardent leur ténacité.

La Réforme protestante, dans son caractère politique, fut une réaction contre l'unité laborieusement créée dans l'État par la Royauté, de même que dans son caractère religieux elle était le renversement de l'unité établie dans l'Église par l'autorité des Papes et des pasteurs.

C'est pourquoi le XVIe siècle vit un étonnant spectacle de rébellions d'aristocratie, acharnées à briser le lien social, à l'encontre des masses catholiques, gardant leur instinct primitif, et s'abritant, comme jadis, sous le sceptre et dans l'Église.

Voilà ce que l'histoire n'avait pas assez démêlé jusqu'à nos jours. La Réforme a paru n'être qu'un mouvement de liberté, et, de fait, elle instituait la tyrannie. Rendant l'homme indépendant de toute règle de croyance, elle le condamnait à entrer sous un servage de fer. Elle l'affranchissait de Dieu ; partant, elle l'assujétissait à l'homme : c'est la pire servitude.

Mais la nouveauté elle-même, comme il arrive d'ordinaire, semblait être de la liberté, et c'est par là que la Réforme s'assura du prosélytisme. Combattre la Réforme parut une atteinte au libre usage de la raison et de la conscience. La Monarchie sauvait l'unité nationale ; ce lui fut un crime : la philosophie n'a su, durant deux siècles, que lui jeter ce grief, jusqu'à ce qu'enfin elle le lui ait fait expier par le régicide.

Les temps modernes sont pleins de ces retours et de ces égaremens. Cependant, en face de la réaction qui se faisait contre l'autorité, la POLITIQUE ROYALE tendit à concentrer sa défense.

Les parlemens lui furent une force. Elle avait organisé les communes et institué leurs justices contre l'anarchie féodale; il vint un moment où elle dut étendre la juridiction des parlemens contre les priviléges des villes. « C'est ce qui se voit par la fameuse ordonnance de Moulins, rendue par les soins du chancelier de l'Hospital, où le Roi, par l'article LXXI, ôte la connaissance des affaires entre les parties aux maires, échevins, consuls, capitouls et administrateurs des corps de ville : ce qui les dépouillait de leur plus beau droit (1). »

C'était un acheminement à l'établissement de la justice politique dans le parlement.

Et quelles que dussent être les suites de cet agrandissement, par la propension naturelle d'un tel corps à en faire abus contre le Roi même, il est au moins certain que la POLITIQUE ROYALE était poussée à cette extrémité d'altérer les institutions, par l'état de ravage et de révolte où était la France. Tout était en feu; la guerre inondait de sang les provinces; les factions s'attaquaient directement à la Royauté; les vieux noms brillaient dans ce travail d'extermination : on eût dit les représailles de cinq siècles contre la Monarchie populaire.

C'est encore ici une méprise de l'histoire. Elle a pris parti pour les factions contre la Royauté, c'est à dire pour les barons huguenots contre le peuple catholique. Rien n'est aveugle comme la haine; ce qui n'empêche pas la haine de se donner des airs de philosophie.

Henri III paraît. L'anarchie continue.

(1) Le président HÉNAULT.

En des temps de cette sorte, il ne faut point chercher des exemples ni des maximes d'État qui puissent avoir autorité. Tout va au désordre, et les traditions même perdent leur empire.

Toutefois les États, *assignez par le Roy en la ville de Blois, en l'an mil cinq cens soixante et seize*, s'efforcèrent de remplir un grand office politique en ramenant la paix entre tous les Français; et ce fut une particularité notable de voir les députés du Tiers-État appeler surtout la paix par la réunion des Français dans l'Église.

« Ils ont toujours jugé, disaient-ils au Roi, que par le moyen de la guerre et troubles advenus en France depuis quinze ou seize ans en ça, il n'en pouvoit réussir que la totale ruyne des subjects de Votre Majesté, l'ébranlement de vostre Estat, et la subversion de la Religion catholique, apostolique et romaine, si par la réunion des volontez de vos subjects il n'y estoit promptement pourveu, ce qui a meu les dits députez, résoudre entreux par cy devant, ainsi qu'il appert par leur registre, cy attaché, que Vostre Majesté seroit très humblement suppliée vouloir réunir tous vos subjects en la Religion catholique, apostolique et romaine, par les plus doux et gracieux moyens que Vostre Majesté adviseroit, en paix, et sans guerre, de quoy ils ont voulu encore supplier vostre dicte Majesté en toute humilité, avec déclaration de leur inviolable intention, qu'ils n'entendent ni ne veulent approuver autre Religion que la catholique, apostolique et romaine, en laquelle ils ont résolu de vivre et mourir sans jamais s'en despartir, comme celle laquelle ils recognoissent estre la seule vraye, donnée de Dieu, et receue de nostre mère saincte Église catholique romaine (1). »

Le Tiers-État était fidèle, on le voit, à son instinct de peuple. Quelle que fût la confusion des temps, la liberté était dans l'Église, la servitude était dans le huguenotisme. De son côté Henri III revenait à son instinct de Roi, mais comme il le pouvait faire en des temps où chacun était emporté violemment en dehors de ses inspirations les plus naturelles.

Ces déclarations d'union pacifique dans l'Église, donnèrent lieu à une confédération ou ligue qu'on appela la *Sainte-Union*. Le Roi put penser qu'il trouverait de la force dans cette association populaire; mais il la fallait gouverner et maîtriser; ce fut elle qui gouverna et maîtrisa le Roi.

Rien ne saurait mieux indiquer l'affaiblissement de la Royauté que l'examen des ARTICLES et PROPOSITIONS *lesquelles le Roy a voulu estre déli-*

(1) RECUEIL JOURNALIER des Etats de Blois.

bérées par les Princes et officiers de la Couronne et autres Seigneurs de son conseil, qui se sont trouvez en l'assemblée pour ce faicte a Saint-Germain-en-Laye, au mois de novembre mil cinq cens quatre vingts et trois (1).

C'est une réforme des lois concernant l'Église, la noblesse, la justice, ainsi que des lois de majesté, des lois d'administration et de police se rapportant à la couronne, le tout avec une minutie de détail qui trahit la décadence.

La Royauté s'était laborieusement affermie contre les Barons; mais une fois l'œuvre achevée, une réaction devait se faire.

Les dissensions sectaires en fournissaient le prétexte et le moyen. La confédération dite la *Sainte-Union*, en ce qui concernait le peuple, n'était point suspecte : c'était bien la liberté de la foi qui entraînait et exaltait les masses. Mais, en ce qui concernait les princes et les seigneurs, la sincérité ne semblait pas égale; les ressouvenirs d'ambition, de vengeance peut-être, se mêlaient trop aisément à la défense de la société catholique.

De sorte qu'il vint un moment où le Roi se sentit également en péril, quels que dussent être les vainqueurs.

(1) Imprimé en M. D. LXXXIII, sans nom d'imprimeur.

Mayenne et Condé d'une part, les Guises de l'autre, tenaient en échec la POLITIQUE ROYALE.

Un parti moyen s'était formé, ayant un Montmorency à sa tête. A toutes les époques on trouve de ces noms et de ces vertus qui marchent au bien public; mais les passions ardentes suivent leur train, et brisent tout. La société ne reprend sa marche naturelle qu'après avoir passé par des ruines.

Les Etats de 1588 ne purent que constater ce défaut de force ou de génie au sommet de l'Etat en face de périls contraires. Henri III semblait fidèle à la POLITIQUE ROYALE en appelant à lui les forces populaires; mais il fallait les conduire : il ne le put ou ne le sut, il ne fit en les appelant que publier sa faiblesse et ses angoisses.

Il disait en sa harangue d'ouverture :

« C'est la restauration de mon Estat par la reformation de toutes les parties d'iceluy que jay autant recherchée et plus que la conservation de ma propre vie. »

Et encore :

« Quelle douleur pouvez vous penser qui m'a jusqu'icy rongé depuis ces dernières années, ou l'aage et l'expérience m'ont rendu plus capable daprehender la desolation, foule et oppression de mon pauvre peuple, avec ce qu'il sembloit que mon regne estoit reservé a allumer le juste courroux de sa divine Majesté, que je recognois estre justement sur nos testes. »

Et plus loin :

« Ceste tenüe d'Estats est un remede pour guarir, avec le bon conseil des subjects et la sainte resolution du prince, les maladies que le long espace de temps et la negligente observation des ordonnances du Royaume y ont laissé prendre pied, et pour raffermir la legitime authorité du Souverain, plustost que de l'esbranler ou de la diminuer, ainsi qu'aucuns mal avisez ou pleins de mauvaise volonté, deguisans la vérité, le voudroient faire croire. »

Après quoi le Roi exposait ses bons desseins de réformation, et à les lire présentement on croirait entrer dans un règne sur lequel vont tomber les bienfaits du ciel; mais c'est une triste remarque de l'histoire, qu'aux jours mauvais affluent les meilleurs conseils, comme pour attester que d'ordinaire ce n'est point l'intelligence qui manque aux Empires, c'est la conduite.

Le Clergé, la Noblesse, le Tiers-Etat firent des harangues conformes à celle du Roi.

« Que devons nous espérer, disait le Clergé, sinon voir la paix et union en ce Royaume avec un si grand repos et seureté, que le pauvre rustique pourra en toute liberté, sans aucune crainte et peur par tout ce Royaume, comme jadis au temps de Salomon, manger son pain et ses fruicts en patience soubz son figuier et soubz sa treille? Veoir le service de Dieu retabli partout? Les églises et temples restaurez et réédifiez? Les villes libres, sans arquebuzes ny tambours; justice et paix s'entrebrasser, florir les loix, abonder la charité entre les hommes, et par un même consentement de religion et union soubz l'obéissance de Dieu et du Roi, qui est son image portant le glaive de sa justice en terre, commencer ça bas le règne de Christ, une idée et exemplaire de ce royaume céleste auquel nous aspirons tous. »

La noblesse « espéroit des promesses sacrées du Roi le restablissement de l'honneur de Dieu,

Religion catholique, apostolique et romaine, et des autres choses utiles à son Estat, et nécessaires a son pauvre peuple. »

Le Tiers-Estat ajoutait : « La bonté et clemence qui est née avec ceste majesté que Dieu faict reluire en vostre face, nous promet ce que nous avons requis et souhaité avec tant de larmes et continuelles prieres, que vostre Majesté restablira nostre saincte Religion en son entier, par l'extirpation de toutes erreurs et hérésies, reiglera et remettra tous les ordres alterez par l'injure du temps en leur premiere forme, et donnera soulagement a son pauvre peuple, sans lequel nous pouvons dire avec vérité, que nous sommes menacez d'une entière désolation et ruine de tout l'Estat (1). »

Mais à ces vœux d'union pacifique se mêlaient des pensées de colère. Le Roi publia un édit d'union, déclarant rebelles et criminels de lèse-majesté ceux qui refuseraient de le signer, ou qui après l'avoir signé s'en départiraient. La paix renfermait la guerre, et dans une « briefve

(1) Documens du temps. *Recueil de* 1614.

exhortation faicte aux Estats par monsieur l'archevesque de Bourges, par commandement du Roy, sur le serment solemnel presté par Sa Majesté, » on entendit ces étonnantes paroles :

« Nous ne cornons pas la guerre, comme l'on dict, nous autres de l'Eglise, non, non; l'Eglise ne cherche, ne demande le sang. Nous desirons plustost que les desvoyez se retournent et vivent... L'intention du chirurgien est de conserver tout le corps et les membres : mais quand le corps ne se peut conserver sans coupper le membre gangrené et pourry, il faut lors le cautère ou le razoir (1). »

Tout le reste de *l'exhortation* avait ce caractère : le *cautère ou le razoir*, c'était toute la paix et toute l'union.

Et par là s'explique la triste fin des Etats de 1588. La POLITIQUE ROYALE n'était plus maîtresse d'elle-même. Elle était emportée en des sens contraires, et de chaque côté s'ouvraient des abîmes.

En des temps de cette sorte, la régularité des

(1) Documens du temps.

lois est impuissante : chacun les invoque, et elles sont inégales à la puissance désordonnée des perturbations qui emportent les particuliers et l'Etat.

Quoi qu'en ait dit une école moderne, qui veut croire que l'humanité se suffit à elle-même par ses instincts, par ses souvenirs et ses traditions, il y a des temps où la dictature, c'est Montesquieu qui dit ce mot, semble être le seul remède assuré contre la ruine, non la dictature du glaive, sortie sanglante des batailles civiles; mais une dictature de justice, illuminée par le génie social, et chargée, c'est Montesquieu qui le dit encore, de ramener le peuple à la liberté. Cette dictature manqua au règne d'Henri III; elle fut remplacée par l'assassinat.

Tout se voile. Les drames sanglans souillent les palais. Il n'y a plus de règle; il n'y a plus de morale; il n'y a plus de politique; il n'y a plus d'Etat.

Puis, éclatent les retours. La ligue catholique

s'était formée principalement en vue d'écarter du trône, Henri, roi de Navarre, qui était protestant. Henri se déclare catholique ; le prétexte des rébellions disparaît : Paris ouvre ses portes au roi national. La France est sauvée.

Au reste, tout n'avait pas été également fatal ou stérile dans les convulsions civiles. « Quel fruit obtint la France de cette longue lutte ? Elle en recueillit un seul, la conservation de son unité, qui eût péri si le protestantisme l'eût emporté (1). »

Ainsi s'exprime un philosophe démocrate et catholique. La politique royale, bien que battue tristement dans les tempêtes, finit par être l'expression fidèle des grands instincts de la nation.

Quant à la politique personnelle d'Henri IV, elle tendit tout simplement à la reconstitution du gouvernement royal, en des conditions qui semblaient n'être qu'une transaction ; mais toutefois avec des règles d'équité conformes aux lois permanentes de la société. « La première loi d'un souverain, disait Henri IV, est de les observer

(1) M. Buchez. Introd. à l'*Hist. parlementaire de la Rév. fr.*

toutes (1). » Ce Roi fut comme un génie de passage, appliqué à guérir les maux présens; la transformation était réservée à un génie plus profond, plus complet et plus résolu : Henri IV fut la préparation de Richelieu.

Aussi ne songe-t-on d'ordinaire à emprunter à ce règne resté populaire, que des exemples d'habileté bienveillante. Les maximes anciennes furent toutefois rappelées en quelques assemblées, et notamment en l'assemblée des notables de 1596, à Rouen. Puis le grand ministre Sully prit soin de les consigner en ses *œconomies;* et ses graves paroles méritent d'être citées, comme une solennelle confirmation du vieux droit de la nation.

« Sire, disait-il, les histoires et notre propre expérience nous apprennent qu'il n'y eut jamais forme de gouvernement, soit dans un État d'un seul, de plusieurs, de la commune ou pesle-mesle des trois, auquel ne soit levé quelques deniers sur les sujets d'icelui pour subvenir aux dépenses publiques, et surtout lorsqu'il était question d'accroître la domination de l'État, de le défendre de toute invasion ou de venger une offense reçue.

» Mais ces levées de deniers, pour produire bien

(1) Mém. de Sully.

et jamais mal, ne se faisoient que par le commun consentement des peuples qui les payoient, et peu souvent les souverains en ont-ils voulu user autrement, qu'ils n'ayent suscité des plaintes et des esmotions, lesquelles ont bien souvent mis leur autorité en compromis ; de quoi il se trouve tant d'exemples dans les histoires anciennes et modernes, que l'on en pourroit faire un gros volume ; mais, me réduisant à ceux de France et encore aux principaux, je dirai succinctement comme Chilpéric, père du grand Clovis, fut chassé pour cette cause ; Childéric, tué avec le gré de tous, par Bodilles, gentilhomme qu'il avoit fait fouetter parce qu'il lui remontroit l'excès de ces impositions qu'il projetoit lever ; Philippe-Auguste voulut faire une imposition où seroient compris les nobles ; mais voyant une grande esmotion se préparer pour ce sujet, il s'en abstint : Philippe-le-Bel de Valois vit pour cette même occasion plusieurs mutinations dans les principales villes, n'ayant pas bien retenu le précepte donné par saint Louis à son fils, qui étoit de ne lever jamais rien sur ses sujets que de leur gré et consentement ; et suivant cet enseignement se sont trouvés dès lors si religieux, qu'ils ont pris bulles d'absolution pour avoir jeté impositions sur leurs sujets.

» Du temps de Louis-le-Hutin s'étoit fait une

notable assemblée, où étoit prézent ce Philippe de Valois ci-dessus dit, en laquelle il fust conclud que les Rois ne leveroient nuls deniers extraordinaires sur leurs peuples sans l'octroy et gré des trois États, et qu'ils en prêteroient le serment à leur sacre; et s'est trouvé sous les Rois Jean et Charles Cinq qu'ayant remontré à leurs peuples la nécessité des affaires, ils leur ont volontiers accordé les secours par eux demandés.

» Mais sous Charles VI, à cause qu'il fut troublé de sens, et des grandes confusions suscitées par les princes, tous ordres aussi bien que bonnes mœurs, furent perverties, et s'introduisit lors la cotisation des tailles par tête, sans assemblée ni consentement d'État. Charles VII, à cause des grandes affaires qu'il eut pour chasser les Anglois de France, trouva moyen de réduire en ordinaire cette levée par forme de tailles qu'aucunes provinces establirent par forme de capitation et les autres de réalité, sur les héritages et autres mixtemens; mais toute cette taille ne monta par chacun an, durant le règne de Charles VII, que dix-huit cens mille livres (1). »

Nul homme d'État ne pouvait, mieux que

(1) *Œconomies royales*. Mémoires de SULLY. Année 1608. Le

Sully, accréditer ces souvenirs. Mais après les rudes épreuves de l'anarchie, la nation était peu préoccupée de son histoire.

La pacification était toute la politique; elle était secondée par l'épuisement des partis. Un Roi aimable, adroit, actif, conciliateur, fut admirable à remplir cet office en quelque sorte transitoire; si ce n'est qu'il survivait des restes de passions furieuses que la bonne grâce ne pouvait toucher, et qui prirent la haine pour de la politique et le régicide même pour de la liberté. Le meurtre de Henri IV fut un de ces coups de fanatisme qui ne manquent presque jamais aux grandes époques de transaction : on dirait qu'il

ministre d'Henri IV poursuit la comparaison des *levées* des règnes suivans, avec des détails fort curieux dont voici l'extrait :

« Louis XI augmenta cette levée par forme de taille jusqu'à quatre millions sept cent mille livres.

» Charles VIII à 4,662,191 l. — Louis XII, à 4,865,617 l. — François Ier, à 14,044,115 l. — Henri II, à 12,098,563 l. — François II, à 9,104,971 l. — Charles IX, à 8,738,998 l. — Henri III, à 31,654,400 l. (Sous le roi Henri-le-Grand, il revenait de deniers bons en son épargne, lors de sa mort, le 14 mai 1610, moitié provenant des tailles et moitié des fermes, environ 16 millions de livres.) »

y a des âmes fatales chargées de marquer de sang les grandes pacifications de l'humanité !

Ces retours de rage furent une impulsion de plus donnée au renouvellement de la POLITIQUE ROYALE.

Avec Louis XIII, apparaît un génie étrange, instrument de cette rénovation.

Mais une erreur serait de croire que Richelieu l'eût réalisée, si elle n'eût été secondée par les instincts de tout le peuple.

Pour bien entendre la Révolution sociale opérée par ce grand homme, il faut se mettre au point de vue des États de 1614 ; et c'est ici une étude où nous devons nous arrêter quelque temps, parce qu'elle est l'explication de la POLITIQUE ROYALE dans la grande période moderne qui s'ouvre au règne de Louis XIII et se clot à celui de LOUIS XVI.

A ce moment, se faisait un retour contre le

double mouvement de la Réforme et de la Ligue, par le souvenir des crimes et des maux de l'une et de l'autre.

Partant de points contraires, mais arrivant à un terme commun, la Réforme et la Ligue avaient jeté dans la nation des idées extrêmes qui déconcertaient toutes les habitudes d'une société monarchique et disciplinée.

Des deux côtés la liberté était poussée à sa dernière limite ; d'une part on arrivait à l'extermination du pouvoir par le droit du peuple, de l'autre on y arrivait par le droit de Dieu.

C'est contre cette double impulsion que se faisait la réaction des idées, et, comme il arrive en ces reflux d'opinion, plus on avait été emporté dans un sens, plus on se laissait emporter en un sens contraire.

D'ailleurs, quelles que fussent les causes de la perturbation qui désolait le Royaume, un besoin de repos et d'ordre se faisait sentir, et se mêlait dans les âmes à ce qui survivait de colère.

Vous trouvez le premier effort de cette réaction dans un livre dogmatique sur la *loi salique*. Le droit politique y était discuté avec une supériorité qui étonnerait la raison moderne : l'auteur, s'attaquant à un *discours publié contre la Maison Royale de France*, ramenait toute la question d'ordre dans la *République* à la conservation des lois primordiales qui l'avaient constituée.

« Ce n'est pas assez que nostre République soit formée de bonnes et saintes loix ; mais faut en outre, par tous moyens possibles, pourvoir à ce qu'elles soyent observées, et singulièrement celles qui peuvent changer ou altérer le gouvernement, que les citoyens doivent honorer et vénérer comme chose très saincte, sans estre si hardis d'y mettre la main, ains les laisser entières et inviolables. »

Et plus loin. — « Les Athéniens, craignant surtout le changement et dépravation des anciennes loix de leur cité, eslisoient du corps des aréopagistes, quelques uns qu'ils appeloient en grec *nomophúlakes* c'est à dire, gardiens des loix : la charge desquels estoit de se trouver des premiers en toutes assemblées publiques et conseils de ville, portant sur la teste une couronne, pour prendre garde que rien ne se fist ni dist contre les vieilles loix d'Athènes : tout ainsi que les Locres épizephyres ordonnèrent pour mieux et plus soigneusement garder les anciennes ordonnances, que nul pourroit mettre en délibération aucune chose contre l'ancienne loy ou coustume de la ville, qu'il n'eust le guinsal au col, et ne fust ès mains de l'exécuteur de la justice, pour l'estrangler incontinent, si sa proposition estoit jugée déraisonnable par le conseil de la République; afin qu'avec sa nouveauté se perdist quant et quant la mémoire de l'autheur d'icelle. Aussi nous ne pouvons nier que l'observation des loix, qui ont conservé la cité par plusieurs siècles en son bonheur et fortune, ne soit la seule raison et moyen de la maintenir à jamais. Autrement s'il estoit loisible d'abbattre les fondemens et loix principalles, sur lesquelles est planté l'État, tout s'en iroit en ruine, et n'y auroit ni paix ni repos en la République : parce que le premier factieux, estourdy, et peu sage, qui voudroit s'agrandir et faire parler de soy, les renverseroit si dessus dessous, et mettroit le feu dans la cité, désirant changer et rompre le lien et commun gage de la République (1). »

Et pour conclusion : « L'auteur de ce *discours* désire mettre la bride en la main d'un peuple farouche et insensé, lui persuadant faulsement qu'il a le pouvoir de chasser les légitimes rois, et successeurs de la couronne, sous prétexte de quelque mécontentement. Bref, comme disoit

(1) Examen *du discours publié contre la Maison Royale de France, et particulièrement contre la branche de Bourbon, seule reste d'icelle, sur la loi salique et succession du Royaume.* 1587.

un quidam, preschant le caresme passé dans Paris, à la face de nostre Roy légitime, à la barbe de son parlement, et en la capitalle ville de son royaume, qu'il se peut faire des roys de grâce, encore que nous en ayons par nature. Parole très faulse, impie, pernicieuse, de trop dangereuse audace à ouyr seulement et punissable de mort en un siècle de justice. Car qu'est-ce autre chose que subvertir et abbattre les fondemens de notre Monarchie, tant bien et sagement plantée par la volonté de Dieu, pour s'arroger une hideuse, sanguinaire et furieuse forme de nomination, faicte par une beste à plusieurs testes, et faire qu'un prince estably au ciel sous le bon plaisir de Dieu, fust sujet et dépendist du contentement ou mespris d'une multitude écervelée? »

Tel était le langage de la réaction en faveur de la *monarchie plantée par la volonté de Dieu.*

Quelquefois la réaction eut une parole moins dogmatique et plus passionnée. Vous la pouvez étudier dans les PHILIPPIQUES contre l'excommunication d'Henri IV (1). L'auteur couronne ses

(1) PHILIPPIQUE CONTRE LES BULLES ET AUTRES PRATIQUES DE LA FACTION D'ESPAGNE;

Pour très chrestien, très puissant, très victorieux et très clé-

argumentations véhémentes par un appel pacifique à toute la France. Son langage est plein d'éclat; quand ce ne serait qu'une étude de style, la citation a de nos jours le plus haut intérêt.

« Que si vous hayez tant la Monarchie, dit le défenseur de la Royauté d'Henri IV, dites nous quelle sorte de Gouvernement vous pensez choisir, en ces diverses conclusions qui tiennent vos esprits ondoyans et suspendus, sans sçavoir à quoy vous résoudre qu'à une éternelle misère? Estimez vous que la constitution d'un grand Royaume, si sagement desseignée, si fortement establie, si heureusement nouée et affermie, puisse changer légèrement de forme, de nature et de usage? Vous mesmes qui estes tous rangez et accoustumez à vivre sous la douceur et le repos d'une juste Monarchie, ne pourriez prendre un ply contraire, ny pencher à quelque autre condition. Car si des pièces et ruïnes de ce grand Empire, vous projectez de bastir et façonner quelques nouvelles républiques, pourriez vous supporter en France que chasque ville fist

ment prince Henry-le-Grand, *tousjours auguste Roy de France et de Navarre.*

A Tours, chez Iamet Mettayer, imprimeur ordinaire du Roy. M. D. XCII.

La *dédicace* au Roy est signée F. D. C. (François de Clarri. Il était premier président à Toulouse.)

un Estat à part? Si ce sont les belles semences et les agréables fondemens de vostre tranquillité, si c'est le plan et le desseing de ce repos si désirable, pour qui vous feignez tant de souspirer; vous bastissez sur la glace d'une nuict.

.... » Voudriez vous jetter par terre la grandeur de cest Estat, corrompre le train réglé et le cours certain des successions des Princes, violer la saincteté des lois saliques, et forcer vostre nature mesme, en faveur de vos ennemis naturels? Quand le Roy ne seroit vostre Prince légitime, que le prudent et constant ordre des mœurs et ordonnances de ce Royaume ne luy mettroit la couronne sur la teste : quand ce sceptre seroit électif, ou subject à l'aveugle sort, qui sçauriez vous choisir ny désirer plus propre ny plus digne d'un si puissant et grand Empire? Jettez curieusement les yeux sur toute la terre : vous n'en trouverez point de semblable à luy, ny de pareil à une charge si pesante. Il est de la plus ancienne et illustre Maison qu'on puisse remarquer en tout le monde, dont le tige estoit fort et vigoureux dès le temps de Charlèmagne. Il n'y a Prince qui puisse fonder sa dignité sur l'antiquité de tant de siècles, ny tirer de si noble source la splendeur de sa naissance....... Il ne voit qu'avec regret et avec larmes les misères de son peuple, les playes de la France et la désolation de cest

Estat. Il travaille incessamment pour sa restauration, employe son esprit et ses mains a redresser les anciennes colonnes de ce royaume, renversées et abattues par tant de coups de l'envie et du temps, et se consume en tant de peines pour nous acquérir le repos....... Qu'on en discoure tant qu'on voudra, il faut que les plus curieux recognoissent et confessent que c'est l'œil et le bras de l'Europe, le cœur de ses alliez, l'espérance de ses subjects, la crainte de ses ennemis, et l'assurance de tout le monde; enfin, qu'il est seul capable de deffendre le christianisme de l'oppression des infidelles, quand l'abyme de nos péchés les auroit vomis sur nous..... Qui vous estrange dont tant, François, de l'obéyssance d'un si grand Prince? La veue de tant de belles vertus, l'admiration de tant de perfections plus qu'humaines ne vous attirent elles point de mille chaisnes d'honneur et de foy à la reverance de son sceptre? Aymez vous mieux servir à toutes sortes de maistres, et a vostre naturel et irreconciliable ennemy, qu'obeyr à un si bon Roy, que la prudente main de Dieu a choisi légitimement pour vous tirer de tant de peines? Vous plaisez vous davantage aux insolences et cruautez de la guerre, qu'aux commoditez et félicitez d'une paix que vous gousteriez si doucement sous l'heureux règne d'un Prince si juste? Ne seroit il pas meilleur voir la France en repos, toutes choses remises en leur splendeur et rétablies en leur ancien ordre sous la conduite d'un Roy si sage, que voir ainsi les yeux mouillez de continuelles larmes un Estat desréglé, desmembré et déchiré?... Faut il que l'infortunée France soit toujours rongée des vipereaux qu'elle a conçeus, bruslée et mise en cendres par les torches qu'elle a enfantées, hideuse et espouvantable de tant de meurtres et de flammes? N'y a-il pas plus de plaisir à regarder un ciel serain, brillant de mille sortes d'astres, a jouir de la beauté d'un temps net et asseuré, esclairé du doux œil du soleil et doré de sa blonde tresse, a voir la belle aube riante venir esclorre le jour, et parer heureusement la terre des riches perles de sa rosée, qu'à regarder avec effroy et tremblement un ciel taché de comettes et prodiges, entrescoupé d'esclairs, chargé de nuages, troublé de tempestes, esbranlé de foudres, couvert d'une nuit espouventable, voilé de dueil et d'horreur, pleuvant perpétuellement du feu et du souffre?....

.... » Une chose me console et me donne quelque espérance..... Le service du Roy est embrassé et affectionné fidellement par tous les hommes d'honneur de toutes conditions, qui y ont consacré leurs fortunes et leurs vies; toute la dignité et majesté de l'Estat s'est rangée du costé du Prince..... Les meilleurs et plus grands du Royaume deffendent généreusement la justice de ceste cause : enfin c'est le party des gens de bien. Cela me fait espérer que leur vertu et leur courage vous esmouvront a suivre les mesmes pas de salut, que le clair flambeau de leur honneur rallumera les vostres dans leurs cendres, et que la bonne et droicte constitution de leurs ames provoquera la santé des vostres, si ravalées et descheüs de la fidélité françoise. »

Telle était donc la voix politique qui rappelait la France à la Royauté.

Mais la réaction ne se manifestait pas seulement en éclats d'éloquence et de poésie ; elle apparaissait sous des formes plus sévères et plus dogmatiques.

Ainsi, la doctrine du *Tyrannicide* avait été précédemment la doctrine commune de toutes les factions ; les ordres religieux l'avaient embrassée, et la Sorbonne l'avait décrétée : c'était plus qu'une théorie, c'était un dogme. La société ayant perdu sa défense naturelle contre l'oppression, et ne la trouvant plus dans sa constitution politique, la cherchait dans la violence et dans le crime.

Mais une fois expérimentée, cette doctrine fit horreur. Et l'horreur produisait une doctrine contraire, nous ne disons pas la doctrine de l'inviolabilité des Rois, mais celle de la liberté absolue de leur pouvoir. La société passait d'une servitude à une autre.

Notez la marche de ce travail. Vous le voyez se reproduire par ses alternatives tantôt graduelles, tantôt soudaines : c'est toute l'explication philosophique des temps modernes.

La pente s'était fait sentir après le meurtre d'Henri III. L'étonnement de ce crime, nouveau dans l'histoire, avait déconcerté les théories les plus effrénées. Une « remonstrance faicte en la grande église de Mante, en février 1593, sur la justice demandée au Roy, par la Royne Louyse, douairière de France, de l'assassinat du feu Roy (1), » indique parmi des plaintes éloquentes, quelquefois sublimes, la pensée de ce mouve-

(1) A Paris, chez Pierre Lhuillier, imp. et lib. M. DC. VIII.

ment vers la puissance absolue et en quelque sorte divine des Rois.

« Ceste assemblée, disait l'orateur, est fort différente de toutes celles que les Roys ont accoustumé d'honorer de leurs présences. Car elles se tiennent pour la pluspart, ou en leur sacre et couronnement, esquels, par esquises et augustes ceremonies, est monstrée lexcellence a laquelle Dieu les a faict naistre, et sa lieutenance qu'il leur donne est déclarée par la couronne dont leur chef est orné; marque si spéciale de la divinité, que jadis et ès siècles les plus anciens, les couronnes estoient attribuées au ciel seulement, dont on ne couronnoit que les images des Dieux. Ou bien ces assemblées sont, quand les Roys armez de leurs majestez appellent et convoquent les Estats, ou l'on peut veoir la fleur et eslite du Royaume fleschir le genouil devant la grandeur royalle. »

Ce mouvement d'idées vers la *grandeur royalle* était rapide; en la même année, une thèse de Sorbonne ayant remué les doctrines extrêmes sur la souveraineté du Pape, le parlement fit explosion. La Sorbonne fut citée, et on entendit la formule du pouvoir des Rois éclater comme un coup de foudre sur ces théologiens qui osaient se souvenir de la Ligue.

« L'auctorité des Roys est sacrosaincte, ordonnée de la divinité, principal ouvrage de sa providence, chef d'œuvre de ses mains, image de sa sublime majesté, et proportionnée avec son immense grandeur, en tant que peut porter la comparaison de la creature avec le createur, comme chasque Royaume et Estat avec l'univers, l'admirable harmonie duquel est représentée par l'ordre cy bas estably : car comme Dieu est par nature, le premier Roy et prince, le Roy l'est par création et imitation, Dieu en tout, cestuy cy en la terre; Dieu consistant en luy seul et de luy seul : le Roy dependant de Dieu seul, qui l'a façonné sur le patron de sa toute-puissance. Qui veut ébrécher et ravaler ceste seconde souveraineté du monde, non seulement est grandement coupable envers elle, mais encores envers la première; coulpable envers le ciel du quel elle est police, et non de la terre, et pour dire plus clairement, coulpable envers Dieu, à l'ordre duquel il résiste (1). »

(1) Procès-verbal de l'exécution d'un arrest de la cour, du mercredy dix-neufsviesme juillet mil cinq cents quatre-vingt-quinze.

Recueil de M. DC. VIII, cité.

Ainsi parlait le réquisitoire, *les grand'chambre et Tournelle assemblées.*

Et plus loin, après un tableau des calamités du temps, l'orateur du parlement s'écriait :

« Tout ce que nous avons discouru a esté pour monstrer par le commencement et la fin de toutes ces calamitéz, leur cause n'avoir esté que le defaut de reconnaissance de l'auctorité royale. Car comme quand le soleil se recule de nostre hémisphère les arbres se dépouillent de leurs feuilles, les fleurs meurent, les herbes se sèchent, la terre se couvre de neiges et de glace, la lumière du jour s'accourcit, et en sa plus grande force est obscurcie de brouillards et nuages..... Tout de mesme ce Royaume, et spécialement ceste ville, esloignez du devoir, dont ils estoient redevables à leur Roy, se sont trouvez comblez de mil desordres et opprimez d'une infinité d'afflictions ; l'air serain de la France respirant toutes sortes d'heurs et de biens, a esté soudainement converty en un espais d'horreurs et de confusions, toutes ses dignitez se sont tout à coup trouvees indignement dépouillees de leurs ornemens. »

Et par là l'orateur expliquait « la conjuration de l'abominable parricide commis en la personne du feu Roy ; de là le feu, le sang, les meurtres, les sacriléges, les brigandages, les violences, les cruautez, les inhumanitez, les monstres, les prodiges et l'infinité de maux qui nous ont exercé depuis sept ans. »

A ces causes, les bacheliers furent condamnés par arrêt, et leurs thèses supprimées; la Sorbonne reçut inhibition de recevoir des *positions* semblables à celles qui avaient ému l'éloquence du parlement; et elle inscrivit au bas de l'arrêt les paroles suivantes :

« Messieurs, la Faculté vous remercie très humblement de l'honneur que vous luy avez faict, et de la peine que vous avez prise; elle est et se monstrera toujours très humble et très affectionnée au service du Roy et de vous, Messieurs. »

Dès ce moment, la réaction des opinions allait, par la pente des choses, à des points extrêmes où se devaient rencontrer des maux d'une nature auparavant inconnue.

Pour les esprits calmes et retenus, ce n'était d'abord qu'un retour vers la Monarchie, telle que la France l'avait connue, avec sa POLITIQUE ROYALE; en l'affranchissant de la souveraineté de l'Église, ils entendaient la maintenir dans sa vieille foi. Mais d'autres seraient plus hardis à passer outre; de l'indépendance on irait à l'oppression ; c'est un terme final que la prudence n'avait pas alors à prévoir : on se réfugiait dans l'autorité, dût-elle être *absolue*, par la terreur de l'anarchie.

Achevez d'approfondir ce travail des idées. Tout y concourt, la théologie, la chaire, les arrêts de justice. Vous en trouvez enfin le secret en des écrits de politique, tantôt dogmatique, tantôt éclectique, aujourd'hui peu recherchés, mais qui n'expliquent pas moins la marche et le secret des âges.

Le DIALOGUE DU ROYAUME, *auquel est discouru des vices et vertus des Roys*, etc. (1), est une étude, à la façon platonicienne, des avantages et des inconvéniens de la Royauté.

« Considérez, dit l'interlocuteur de la Monarchie, le naturel françois, qui sait mieux conquérir que garder, et qui veut partout commander,

(1) M. D. LXXXIX.

s'il n'a un souverain qui luy commande ; et la licence qu'il se donne, s'il n'est retenu par la révérence et la force du prince : et si vous en admettez plusieurs, considérez le même naturel, subjet à ambition, qui fera naistre une infinité de tyrans qui ne différeront du Roy que de nom.

» Vous dites, pour nous faire croire le contraire, que tous nos Roys, voire tous les Roys, ont été méchans. Vostre proposition est si débile, qu'il ne faut qu'un individu pour la faulser. Votre conclusion est pleine de fallace ; car si le Roi est mauvais, la Royauté pourtant ne l'est pas (1). »

Et le vieux auteur se met alors à faire un résumé patriotique de l'histoire de France.

Dans cette revue rapide, il n'oublie aucun prince, chacun a fait son office ; mais il s'arrête à quelques noms plus éclatans, et il conclut en ces termes :

« Ces traits seulement vous font cognoistre par les ongles les lions ; et pouvez descouvrir combien le peuple a esté heureusement conservé depuis 1200 ans ou environ soubs nos princes, ausquels Dieu a donné la force et la vertu par une grace singulière, laquelle nous mescognoissons à grand tort. Jugez moy donc si le peuple

(1) *Dialogue du Royaume*, auquel est discouru des vices et vertus des Roys, etc., M. D. LXXXIX.

eust peu de soy se conserver si bien et si longuement sans les Roys! voire si les Roys eussent esté électifs et non successifs et certains, si les troubles n'eussent pas encore esté beaucoup plus grands que ceux que vous nous amenez. Et puisqu'il est ainsy que nous pouvons recognoistre par la preuve de tant d'années que ceste sorte de gouvernement a esté la meilleure, pourquoy a présent estes vous d'avis de la rompre pour en introduire une incertaine, pleine de remuemens et divisions! S'il y a quelque chose à réformer en l'Estat, on y peut bien remédier par bon conseil; mais ne faut pas, s'il y a quelque chose de bossu ou qui aille de travers, user de force ou de roideur qui le pourroit briser et rompre. »

Un autre livre est plus décisif en faveur de la puissance inviolable de la Royauté; c'est l'ADVIS *des affaires de France du* XXIX *décembre* CIↃ. IↃ. LXXXIX, *présenté à M. le cardinal Gaetan, légat de nostre Saint-Père, au mois de feb. de l'an* CIↃ. IↃXC, *par lequel est plainement prouvee l'obéissance deue aux Roys* (1).

(1) Imprimé pour les Etats de 1614.

Ce livre maudit les doctrines qui ont affaibli la souveraineté royale, mais il garde l'intégrité de la puissance de l'Église; c'était la politique du parti mixte, qui appellait l'ordre et le voulait fondé sur les lois catholiques de la Monarchie.

« Je jure entre vos mains sacrées, disait l'auteur au légat et aux évêques, sur la loyauté de ma conscience, que je ne suis jamais entré en aucun parti quel qu'il soit, n'ayant onc eu accés avec les uns ni les autres des chefs qui contendent cet héritage, ny leurs fauteurs et adhérans, et ne me suis jamais proposé autre but que de me contenir en notre saincte Religion catholique, apostolique et romaine, et suiure le train de nos religieux ancestres. Ne voulant pas toutesfois nier que la perte de nostre Monarchie ne me soit plus griefve que toute autre infortune qui me puisse arriver pour le monde, ou je n'ay point de particulière appréhension de rien perdre de plus cher que mon breviaire au vieil usage de notre Église. »

C'est par ces gradations que s'était fait le retour des idées vers la Royauté!

Enfin, pour quelques uns, l'amour de la Monarchie devint de l'enthousiasme, et il s'exhala en termes de poésie.

« Le ciel est le vestement de la terre : l'ame du Roy doit estre revestue de justice. Le ciel n'a qu'une couronne aux astres; le monde n'a qu'une Royauté en la terre, qui est la FRANCE, pour la principale considération de la justice, laquelle y a toujours esté mieux rendue qu'en nul autre Royaume. Comme le ciel a esté faict pour estre admiré, et pour cognoistre qu'il y a un esprit caché, et qui ne nous paroist point, qui a basti ce monde, non par les mains de la fortune, veu l'ordre auquel toutes choses sont compassées; ainsi il y a, je ne diray, un esprit incogneu, mais ceste mesme Sapience que Salomon eust en lot et partage du ciel, qui a basty les fondemens de cest Estat, qui l'a animé par l'esprit infus de sa justice plus pure, plus nette que l'on ne la peut imaginer autre part, qui fait que ce royaume est l'ouvrage le plus excellent de la Providence divine, après la Genèse du monde (1). »

Il y avait dans ce langage une touchante inspi-

(1) *Le Miroir royal de saint Louis*, ou instruction politique de ce que les trois ordres peuvent légitimement demander au Roy en l'assemblée des Estats.

Paris, M. DC. XIV.

ration de patriotisme. Ce n'était pas de la flatterie pour la Royauté, c'était de l'enthousiasme pour la France. La POLITIQUE ROYALE avait pénétré les âmes; exalter le ROYAUME, c'était diviniser la PATRIE.

C'est donc sous cette impulsion de sentimens et de pensées que venaient les États de 1614 : il fallait, par une étude préliminaire, saisir ce travail graduel de la société française pour avoir l'explication de l'œuvre politique dont cette grande assemblée posa la base.

Le début des Etats fut solennel et plein d'espérance. Tout se précipitait vers le trône. « La félicité d'Auguste est la félicité de l'empire, » disait l'archevêque de Lyon dans sa harangue d'ouverture : « La félicité du Roi sert de ciel au Royaume, comme le Nil à l'Egypte. Les peuples anciens exigeaient de leur prince la prospérité, comme chose, disaient-ils, que bien faisant il leur pouvait obtenir du ciel. » Ainsi les États « espéroient que ceste assemblée réussiroit à la gloire de Dieu, à l'exaltation de son Église, au service du Roy et au bien de cet Estat. »

Le Tiers-État en particulier, et c'est ici une remarque capitale pour l'intelligence des Révolutions, le Tiers-État courait à la Royauté comme au salut : plus la Royauté serait puissante, indépendante, *absolue*, plus le peuple se croirait assuré de la liberté. Au nom du Tiers-État, le prévôt des marchands, Miron, disait au Roi, après un tableau des désordres et des malheurs de l'État :

« Nous sommes icy assemblez, Sire, pour recevoir le remède de Vostre Majesté, ce remède est demandé par tous, aussi sommes nous tous obligez d'y porter la main, puis qu'il dépend aucunement de nous-mêmes. Vous nous commandez, Sire, d'en faire la recherche de nostre part, et nous promettez d'y contribuer de la vostre : cette parole nous donne toute espérance que l'effect s'en ensuyvra aussi heureux, qu'en ce commencement vous avez pris l'exemple du Roy S. Louys, vostre grand aieul, lequel environ l'an 1227 approchant de vostre aage tint au semblable ses États à Paris, avec l'assistance de cette grande et vertueuse princesse la Royne Blanche sa mère, et par ce moyen pourveut aux affaires de son Royaume, en telle sorte que sa maison fust tous jours depuis un séminaire de vertus, et son règne couronné d'une fin très heureuse (1). »

Et pour rendre l'action de la Royauté efficace, le Tiers-État s'appliquait par des déclarations doctrinales à la mettre au dessus des atteintes.

Il disait en ses cahiers : « Tous curés ou leurs vicaires seront admonestés par leurs supérieurs, après les prières accoustumé estre faictes le jour du sainct dimanche en leurs prosnes ordinaires, exhorter les paroissiens de quelque qualité qu'ils soient de rendre très humble service au Roy et de jamais despartir de son obéissance, nonobstant tel prétexte que ce soit, à quoi tous sommes tenus en conscience et de commandement divin. »

Il ajoutait : « Que l'authorité du Roy soit et DEMEURE ABSOLUE sur tous ses subjects, de quelque profession qu'ils soient, et soit tenu pour loy fondamentale du Royaume, que la personne du Roy

(1) Harangue faicte au Roy à l'ouverture de ses Estats généraux, pour le Tiers-Estat, par messire Robert Myron, conseiller du Roy, prevost des marchands, président dudit Tiers-Estat; en la boutique de NIVELLE, rue Saint-Jacques, aux Cigognes. M. DC XV.

est saincte et inviolable, auquel est deüe toute obéissance et fidélité; sans qu'il soit loisible à aucun de ses sujets, de quelque qualité et condition qu'il soit, ecclésiastique ou seculier, de s'en exempter, soubs quelque prétexte ou dispense que se puisse estre, et toutes doctrines contraires tenues pour abusives, heretiques, scandaleuses et damnables.

» Que tous livres et escripts a ce repugnants, directement ou indirectement, seront publiquement bruslez, les autheurs et imprimeurs d'iceux déclarez criminels de leze-Majesté au premier chef, les libraires et autres expositeurs punis de mort, et tous ceux qui en porteront et s'en trouveront saisis, bannis à perpétuité! »

C'était le Tiers-État, notez-le bien! qui parlait ainsi; pour retrouver la sécurité, il avait besoin que *l'authorité du Roy fust et demeurast absolue*. Et il demandait la mort contre quiconque mettrait en doute cette *loy fondamentale du Royaume, par livres et escripts à ce repugnants!*

La POLITIQUE ROYALE n'avait jamais formulé de telles maximes; la raison des vieux âges s'en fût troublée; et le Tiers-État, par un instinct de liberté nouvelle, n'hésitait pas à les produire sous toutes les formes possibles.

« Puisque la fidélité des François, disait-il encore, est singulièrement recommandée par l'antiquité, signamment par leurs Saintetez ; et que celle d'aucuns a degeneré en une extreme desloyauté et damnable perfidie, jusques a tenir qu'il est loisible d'attenter contre la vie de nos Roys souverains et ne relevant d'aucune domination, qu'immédiatement de Dieu, et assassiner leurs Sacrées Majestez, et que des traistres portecouteaux endiablez, par cest très-méchante, très-impie et très-détestable doctrine ont assouvy leur rage du sang de nos Roys HENRY III et HENRY le Grand, de très louable mémoire : pour l'arrester et asseurer la vie de nos Roys très chrestiens, d'où dépend la seureté publique, le salut du royaume et l'espérance des subjects;

» Telle doctrine sera creuë, publiée, enseignée, preschée, et tenue de tous les François, sans nul excepter, pour très-damnable, très-impie et très-abominable, etc. »

Cette initiative du Tiers-Etat dans la proclamation du pouvoir absolu, est toute l'explication de la politique du XVIIe siècle.

La Noblesse avait, de son côté, formulé sa déclaration sur le droit des Rois, mais comme il convenait à un ordre accoutumé à ramener les questions d'État à la décision du glaive.

« Il sera déclaré aux dits Estats et passé en loy

fondamentale d'Estat, que le Roy ne recognoist et ne tient son royaume que de Dieu et de son espée, et n'est subject à aucune puissance supérieure sur la terre pour le temporel de son Estat.

» Il sera pareillement déclaré que le Roy n'est aucunement contrainct ni subject aux censures d'excommunication qui pourroient être fulminées du S. Père ou d'autres evesques ; moins à l'interdict et absolution du serment de fidélité envers ses subjects. Lesquelles excommunications seront déclarées dès à présent, comme dès lors, nulles et abusives. Et fait défenses aux subjects du Roy, d'y avoir esgard, à peine d'estre déclarez criminels de leze-Majesté au premier chef. »

Le reste de la déclaration fulminait des supplices contre les propagateurs « d'aucuns livres contenant doctrine contre la personne des Roys. »

Telle avait été la déclaration de la Noblesse, et le Tiers-Etat l'avait aussitôt insérée en ses cahiers : c'était le Tiers-État qui emportait les opinions.

Mais là s'ouvrait une controverse.

Le Clergé n'avait point hésité à maudire les parricides. Il avait bien aussi déclaré « que les Roys estoient les âmes tutélaires du monde ; qu'ils estoient la statue du Dieu vivant ; » « qu'un article en soit dressé, s'écriait-il, et plus haut, si faire se pouvoit, que l'on dresse des colomnes publicques, que l'on mette sur la porte des villes et au front des maisons : *Ne touche point à l'oingt du Seigneur pour quelque cause que ce soit, soit de mœurs, soit de vice, soit de religion;* que toutes les imprécations de la terre seslevent contre celui qui y touchera. Que toutes les furies le saisissent, l'horreur de ce crime détestable monte incessamment devant Dieu. »

C'était l'anathème formulé en éclats de colère et de poésie.

Mais le clergé s'arrêtait à ces malédictions ; il ne voulait point que les deux ordres énonçassent des maximes dogmatiques touchant à l'autorité de l'Église ; et alors s'éleva un grand débat.

Remarquez toujours que de la sorte c'était le Clergé qui produisait des doctrines précisément contraires au *droit absolu* des Rois ; et c'était le Tiers-État qui, par ses doctes orateurs, Miron, de Paris, et Marmiesse, de Toulouse, revendiquait ce droit comme son droit propre. C'étaient là d'étonnans contrastes et de mystérieux retours ; ils ont pourtant leur explication toute naturelle ; c'est que pour aller à la liberté le peuple se condamnait à passer par le despotisme.

Le cardinal du Perron joua un rôle éclatant dans ces luttes. Comme les temps nouveaux ne souffraient point que le pouvoir politique eût sa règle dans l'Église, le cardinal légat, pour échapper à la conséquence de l'arbitraire absolu dans la puissance, ne craignait point d'invoquer des maximes très voisines de ce qu'on nomme aujourd'hui la *souveraineté du peuple*, si ce n'est qu'il parlait d'un peuple constitué par des lois, et que les démocrates parlent d'un peuple, amas confus d'hommes épars, non de citoyens.

Ces maximes se réduisaient en une maxime principale, tirée des dogmatiseurs universitaires de Londres et de Paris.

« Toute la communauté a puissance sur le Prince par elle constitué; puissance en vertu de laquelle elle peut le déposer; sans quoi elle n'aurait pas pouvoir suffisant de se conserver elle-même. »

Ainsi, le clergé niait *l'absolutisme royal* que le Tiers-État proclamait. Et comme la société moderne n'acceptait plus l'autorité de l'Église comme arbitre du pouvoir des Rois, le Clergé allait droit au point opposé, à la *puissance de la communauté*, pour en faire la règle souveraine de la politique.

Cette controverse était brûlante; elle secouait toutes les bases de la société. Le Roi, en son conseil, évoqua l'affaire au grand déplaisir du Tiers-État, qui non seulement voulait garder la personne des Rois de la fureur des *porte-couteaux endiablez*, mais la royauté même de toute entreprise qui eût diminué sa plénitude (1).

Voilà au juste le point de départ de la POLITIQUE ROYALE depuis nos deux derniers siècles.

On a fait un crime aux Rois de la puissance absolue ; on n'a pas vu que le peuple même la leur avait imposée.

Comment expliquer les confusions modernes?

Le Tiers-État avait semblé croire que l'égalité dans la nation ne pouvait s'établir que par le despotisme dans la Royauté. De son côté, la Noblesse avait ratifié en fait la maxime du Tiers-État, bien que cette maxime impliquât la ruine de la Noblesse. Le Clergé au contraire n'avait pas voulu de ces dogmes de souveraineté sacro-sainte, devant son droit à elle-même; et il avait réservé un pouvoir quelconque, ou celui de l'Église, ou celui de la communauté, pour juge suprême de la puissance. C'étaient là des situations fort distinctes; comment donc, au jour venu des réactions, Clergé, Noblesse, Tiers-État, Royauté, tout devait-il être condamné et périr pêle-mêle sous des représailles communes? Raison, folie,

(1) Les Résolutions et arrestez de la chambre du Tiers-Estat.— Harangues diverses — Pièces se rapportant à l'histoire des Etats de 1614.

crime, vertu, abnégation, égoïsme, tout est frappé du fatal niveau : telle est la justice distributive des révolutions.

Toujours est-il que le branle de la POLITIQUE ROYALE fut donné par les Etats de 1614.

Aussi est-il curieux de voir ce que la France attendit de cet affermissement inusité de la puissance. Sur ce point nulle voix ne mérite mieux d'être entendue que celle du *Révérend P. en Dieu, Messire* ARMAND-JEAN DU PLESSIS DE RICHELIEU, *évesque de Luçon*, membre des Etats, lequel prononça la harangue de clôture pour le clergé en *la sale du petit Bourbon*, *le troisième février* 1615 (1).

« Votre Majesté, disait le célèbre évêque en cette harangue qui semblait comme un présage ou une conquête de l'avenir, Votre Majesté faisant régulièrement exécuter ce qui a esté sainctement ordonné par ses prédécesseurs, les surpassera d'autant en ce point que les effets surmontent les paroles, et l'exécution des choses bonnes la proposition qui s'en est fait. Et qui plus est, elle remettra par ce moyen tous les ordres

(1) A PARIS, EN LA BOUTIQUE DE NIVELLE, chez Sébastien Cramoisy, rue Saint-Jacques, aux Cigognes. M. DC. XV.

de ce Royaume, puisque le restablissement des monarchies deppend de l'observation et accomplissement des loix...

» Que si on en vient là, toutes choses se feront avec poids et juste mesure : on verra le signe de la raison puissamment estably; la justice recouvrera l'intégrité qui lui est deüe; les dictatures ne seront plus perpétuelles en des familles, les estats héréditaires par ceste invention pernicieuse du droict ancien; la vénalité des offices, qui en rend l'administration venale, et que l'antiquité a remarquée pour signe de décadence et cheute des Empires, sera abolie selon nos desirs; les charges supernumeraires supprimées, le mérite aura prix, et si la faveur a quelque cours, ce ne sera plus au préjudice de la vertu; le mal recevant punition, le bien ne sera pas sans recompense. Les lettres et les arts floriront. Les finances, vrays nerfs de l'Estat, seront mesnagées avec espargne; les despenses retranchées, les pensions réduites.

» La religion fleurira de nouveau, par la résidence de ceux qui sont obligez d'en instruire les peuples, estant à l'advenir aussi soigneux de paistre de leurs propres mains les ames qui leur sont commises, qu'ils l'ont négligé par le passé, au préjudice de leur propre conscience et à leur honte.

» L'Église reprendra son lustre, estant restablie en son authorité, ses biens et ses honneurs; les simonies, les confidences, toutes saletez et tous vices en seront bannis, et la seule vertu y aura son règne.

» La Noblesse rentrera en jouissance des prérogatives et des honneurs qu'elle s'est acquis par ses services; les duels estant abolis, son sang, qu'elle est tousjours preste de respandre pour le service de son Dieu, de son Roy et de son pays, sera espargné et par ce moyen son salut facilité.

» Le peuple sera délivré des oppressions qu'il souffre par la corruption de quelques officiers, préservé des outrages qu'il reçoit de plus puissants que luy, et soulagé en ses imposts, a mesure que les necessitez de l'Estat le pourront permettre. En un mot, toute la France sera remise au meilleur Estat ou nos vœux la puissent porter, et, ce qui est à noter, avec tant de facilité que je puis dire sa reformation autant aisée qu'elle est juste, nécessaire et pleine de gloire pour Sa Majesté. »

C'était là tout un renouvellement de la Monarchie; et la réforme ne semblait possible que par l'action libre et souveraine de la POLITIQUE ROYALE. Richelieu terminait sa harangue par des protestations d'*extrême passion pour le service du Monarque.*

« Passion, Sire, disait-il, dont toutes nos actions seront autant de témoignages : protestans devant Dieu, qu'avec l'avancement de la gloire du Tout-Puissant, le plus grand soin que nous veuillons avoir est d'imprimer, plus par exemple qu'autrement, aux cœurs de vos sujets qui reçoivent instruction de nous, le respect et l'obéissance qu'ils vous doivent ; mandier du ciel par vœux continuels une abondante effusion de bénédictions sur Vostre Majesté ; supplier celuy qui en est le maistre de détourner son ire de dessus cest Estat ; et au cas qu'il le voulut punir, nous offrir à supporter en ce monde le feu de ses foudres, pour en garantir vostre personne ; a qui nos souhaits sont si avantageux, que quelques maux qui nous pressent, jamais nous ne serons touchez d'aucun désir qui esgale celui que nous avons de voir la dignité royale tellement affermie en elle, qu'elle y soit comme un ferme rocher qui brise tout ce qui le heurte. »

Tel était le vœu de Richelieu pour le *ferme rocher* de la Monarchie.

Miron, à son tour, le libre et éloquent prévôt

des marchands, reprenait sa théorie de la puissance royale, et il l'agrandissait à plaisir, comme pour l'égaler à la grandeur des réparations et des réformes qu'attendait l'Etat.

Cette harangue est comme un plan de POLITIQUE ROYALE en face des désordres et des maux de la patrie.

Miron passe tout en revue; l'Eglise d'abord, et voici en quels termes :

« Il y a, Sire, deux principaux points qui ont toujours esté la base et l'appuy de cest Estat, la piété et la justice. Ce sont les montagnes sainctes qui ont servy de fondement à vostre royaume, ce sont les deux colonnes d'airain pour leur fermeté et durée, dressées à l'entrée du temple de Salomon, dont le chapiteau portait les lys, marque de l'escu des Roys de France... Ces deux vertus, piété et justice, fondamentales de l'entretien de cest Estat, vierges comme les appelle Philon et incorruptibles, ont esté violées et ternies... Voilà, Sire, en peu de paroles, la source et origine de nos maux; la piété s'est eslongnée de nous par défaut de Preslats, y ayant plusieurs Eveschez destituez d'Evesques, plusieurs troupeaux sans pasteurs, le revenu néanmoins recueilly par des nommez, ou par des œconomes, et de ceux qui sont en tiltre la plupart fuyent la résidence, et s'en dispensent dedans le mépris qu'on faict à présent des anciennes loix ecclésiastiques... Par ce moyen, l'autorité des Evesques a esté affoiblie et ensuitte de ce la piété abolie et bannie de nous. »

Miron continuait de la sorte à déplorer la décadence des mœurs ecclésiastiques, et il arrivait à la Noblesse :

« Quant à la Noblesse, il s'y est glissé tant d'excès, tant de mespris de la justice et des juges, tant de contraventions à vos ordonnances, soit pour les duels, rencontres feintes et simulées, oppression des pauvres, détentions injustes de bénéfices, violences contre les plus foibles et autres désordres que quelques uns pour leurs mauvaises mœurs donneroient tout subjet de ne les plus recognoistre en ce degré, ou la vertu de leurs ancestres les a eslevez et placez, et leurs défauts propres les en peuvent à bon droict faire descheoir. Les grands priviléges dont jouissent les nobles et les grands fiefs qu'ils possèdent leur ont esté octroyez pour leur servir déguillon à la vertu, afin qu'ils fussent comme victimes dévouées au salut et repos de l'Estat, que ce fussent des digues très puissantes contre les efforts et violences des estrangers. Aujourd'huy leurs principales actions se consomment en jeux excessifs, en desbauches, en despenses superflues, en violences publiques et particulières, monstres et prodiges de ce siècle, qui obscurcissent l'éclat et le lustre ancien de cest ordre, respectable et redoubté par tout le monde. »

L'implacable prévôt des marchands arrivait ensuite aux gens de justice et aux gens de guerre, et il étalait les exactions des uns et des autres : « Faut avoir, s'écriait-il, un triple acier, et un grand rampart de diamant à l'entour du cœur, pour en parler sans larmes et sans soupirs. »

Jamais le *pauvre peuple* ne fut défendu devant les puissans et les riches avec cette effusion de liberté et d'amour.

Après un tableau de ses labeurs, cruellement épuisés pour la jouissance d'un petit nombre d'oppresseurs, Miron ajoutait :

« Les tygres, les lyons et autres bestes plus farouches, que la nature semble avoir produit quand elle a esté en colère contre les hommes, font du bien ou du moins ne font pas de mal à ceux qui les nourrissent; les lamies donnent leurs mamelles à ceux qu'elles engendrent, dit le prophète; et cette race de vipère (il est impossible d'en parler sans passion) estouffent leurs pères nourriciers, innocens de tous maux, sinon d'avoir nourry ceste engence serpentine. Si Vostre Majesté n'y pourvoit, il est à craindre que le désespoir ne fasse cognoistre au pauvre peuple que le soldat n'est autre chose qu'un paysant portant les armes, que quand le vigneron aura pris l'arquebuze, d'enclume qu'il est, il ne demeure marteau; ainsi tout le monde sera soldat, il n'y aura plus de laboureur, les villes, la Noblesse, l'Eglise, les princes et les plus grands mourront de faim. »

Et Miron résumait toutes ces plaintes en quelques mots :

« De sorte, Sire, qu'à bien considérer tous les Estats de vostre Royaume, on trouvera les vertus de nos pères entièrement taries en nous cette sainte humeur radicale de la crainte de Dieu et du respect des loix, conservant la vertueuse générosité, piété et justice, est desséchée, il n'y a plus en nous de santé, la gangrène du vice a tantôt gaigné les plus nobles parties de ce corps. »

Mais quelle était la conclusion que tirait Miron, de cet exposé des maux publics? La voici :

« Qui pourvoira donc à ces désordres, Sire; il faut que ce soit vous. C'est un COUP DE MAJESTÉ; vous avez assez de moyen de le faire, vostre pauvre peuple qui n'a plus que la peau sur les os, qui se présente devant vous tout abbatu, sans force, ayant plustost l'image de mort que d'hommes, vous en supplie au nom de Dieu éternel, qui vous a faict régner, qui vous a faict homme pour avoir pitié des hommes, qui vous a faict père de vostre peuple pour avoir compassion de vos enfans. »

Miron, enfin, au nom du Tiers-Etat, exposait, sous des formes ingénieuses, les moyens de réforme qui s'offraient au monarque; et l'objet de son éloquence semblait être de convaincre la royauté de sa puissance :

« C'est le plus seur moyen, disait-il, pour retenir tant de testes avec une seule teste, et ranger doucement sous quelque joug commun d'obéissance ceste grande multitude inquiétée, désunie et turbulente, ainsi l'espérons-nous, Sire, et que Vostre Majesté se lairra doucement forcer par nos persuasions, à l'entérinement de nos justes requestes. Car, comme en la principauté, c'est un grand heur de n'être point contrainct, aussi est-il très misérable de ne se laisser point persuader. »

Ainsi, la supplication du Tiers-Etat, c'était que la Royauté se *laissât doucement forcer* à être maîtresse et à sauver la France par un *coup de majesté.* Il fallait au Tiers-Etat une Royauté de cette sorte; c'était le gage de la liberté. Le reste est remarquable :

« Ainsi que j'ay parlé comme député du Tiers-Estat avec liberté de ce que j'ay creu estre nécessaire, de la part de Vostre Majesté, pour le restablissement et manutention de cest Etat, aussi semble il estre de mon devoir qu'en la mesme qualité, et comme presvost des marchands de vostre bonne ville de Paris, je die avec la mesme liberté ce qui est nécessaire de la part des subjects, de quelque qualité et condition qu'ils soient. C'est en un mot l'obéissance entiere envers Vostre Majesté, dont aucun n'est dispensé pour quelque grand tiltre qu'il ait, j'adjouste a cela un grand respect deu a tout ce qui concerne le souverain, n'y ayant vice ny exceds plus digne de chastiment au subject, voir de la qualité la plus éminente, que le mespris de son prince et l'effort qu'il fait d'imprimer en l'esprit du peuple une opinion dérogeante a sa grandeur. »

Tout ce langage indiquait un mouvement général vers la Royauté; la Royauté, pour être absolue, n'eut qu'à obéir au peuple.

Ainsi se consommait la transformation de la société antique.

Alors s'ouvrit le règne de Louis XIII.

Quatre ans après, le Monarque répondait de la sorte aux vœux publics.

« Sitost qu'ils pleust à Dieu par son immense bonté nous délivrer des pernicieux desseins de ceux qui travailloient a estouffer nostre authorité dans les ruines de nostre Estat : nous convertismes nos premières pensées a appaiser les mouvemens que l'appréhension de la calamité publique avoit soulevez parmi nos sujects. Cela nous ayant heureusement réussi, nous jettames les yeux sur la fortune de nos voisins affligez, et considérans les troubles ou ils estoyent, et les misères que la continuation des guerres leur devoit apporter, dont le péril encore avec le temps eust redondé jusques a nous, nous estimasmes ne pouvoir rien plus genereusement entreprendre que de leur procurer par toutes sortes d'offices le mesme bien de paix dont nous jouissions. En quoy Dieu ayant favorisé nostre entreprise et rendu icelle agréable à tous les princes intéressez, les choses se sont si heureusement acheminées, que nous pouvons fort vraysemblablement nous promettre de voir en peu de jours la chrestienté en un heureux et asseuré repos, et par ainsi nous demeurerons avec plus de loisir et commodité pour tourner tous nos soins à l'entière restauration de nostre Estat. Mais commençans a sérieusement nous y employer, nous en avons recogneu la depravation si grande, et toutes parties si estrangement altérées, que la crainte de ne pouvoir venir à bout d'un ouvrage si ardu nous auroit sans doute demeu de nous y engager plus avant pour ceste heure, si les merveilles que Dieu a cy devant operé en nous ne nous eussent appris que ceux qui ont les intentions droictes et sont assistez de sa grace ne doivent de rien désespérer. Redoublans donc par ceste consideration nostre courage, nous nous sommes rememorez de ceste grande et celebre asemblée des Trois-Estats de nostre Royaume, laquelle durant nostre minorité avoit esté convoquée pour mesme effect, qui toutefois en avoit esté empesché a l'occasion des troubles survenus en nostre Royaume, de sorte que tant de conférences, consultations et délibérations faictes avec beaucoup de labeurs, de frais et despenses, n'avoient produict aucun fruict, sinon que les remontrances, plaintes et doleances de nos peuples avoient esté toutes compilées en leurs cahiers, et a nous presentées... Tellement qu'il reste le principal qui est de pourveoir a tant de maux et desordres, lesquels ayant esté curieusement sondez et descouverts, sont demeurez jusques a present sans remede... Et pour ce nous nous sommes resolus de convoquer près de nous, du ressort de chacun de nos Parlemens, des plus signalez et capables personnages, soit de l'Eglise, soit de la Noblesse, soit de nos officiers en tel nombre, que pour estre trop grand il ne puisse apporter incommodité ou confusion, et pour estre trop petit, aucun defaut ou manquement, pour par leurs advis pourveoir au contenu desdits cahiers, ensemble sur le réglement de nos conseils, ordre et distribution de nos finances, reformation des abus qui se trouvent en tous les ordres de nostre Royaume, et généralement sur tout ce qui se trouvera nécessaire et expedient pour le bien et soulagement de nos subjects, et seureté de nostre Estat, honneur et dignité de nostre Couronne, et affermissement de la paix en nostre Royaume... En quoy comme nous protestons devant le Dieu vivant, que nous n'avons autre but et intention que son honneur et le bien et soulagement de nos subjects; aussi au nom de luy-mesme nous conjurons et obtestons ceux que nous convoquons; et néanmoins par la legitime puissance qu'il nous a donnée sur eux, nous leur commandons, et trez expressement enjoignons que sans autre respect ny considération quelconque, crainte ou desir de desplaire ou complaire a personne, ils nous donnent en toute franchise et sincerité les conseils qu'ils jugeront en leur conscience les plus salutaires et convenables au bien de la chose publicque (1). »

A CES CAUSES, le Roi convoquait de *sa pleine puissance* une assemblée de Notables, choisis par lui-même, en sa ville de Rouen. C'était l'initiation de cet absolutisme provoqué, voulu, imposé par le Tiers-Etat.

Les écrits du temps, publiés à l'occasion de cette assemblée, ont une signification très digne d'être notée.

« L'ancienne Rome, disait une sorte de pamphlet officiel sur la composition de l'assemblée

(1) LETTRES PATENTES DU ROY pour la convocation de l'assemblée que Sa Majesté veut estre tenue, afin d'y résoudre ce qui est nécessaire au bien de son Estat, repos et soulagement de ses subjets.

A PARIS, chez F. MOREL et P. METTAYER, imprimeurs et libraires du Roy, M. DC. XVII.

de Rouen, s'est rendue admirable en son aristocratie et en sa démocratie, mais toujours plus en sa monarchie, et au commencement et à la fin. Nostre France porte beaucoup plus d'admiration en ces trois gouvernemens : car combien que ce soit une vraye monarchie, si est-ce que par l'institution d'une infinité de belles choses politiques qui la rendent florissante, il semble qu'elle soit composée de trois façons de gouvernement.

» La Monarchie qui est d'un seul, se fait cognoistre en la personne de nos Rois, monarques souverains, absolus, aymez et reverez, crains et obeys, la grandeur et puissance desquels est telle qu'il n'y a jamais eu Monarchie en laquelle les Rois en ayent eu de semblable.

» Une façon d'aristocratie s'y voit dans le gouvernement de tant de grands et graves personnages, comme sages et bien choisis, et receus au maniement des affaires : les pairs de France font un membre ; les conseils secret, privé et grand, les Parlemens, les Chambres des comptes et les generalitez forment et composent le reste des membres de ce corps aristocratique.

» La bonté et le zèle de nostre grand Roy envers son peuple nous y fait paroistre quelques delinéaments et image d'une democratie ! Et le soin et la recommandation qu'il a de son peuple, luy a fait faire eslection des notables de son Royaume, qui moyennant les graces et faveurs du ciel, appliqueront, comme bons médecins, les vrays remedes aux playes et ulcères en cet empire. »

Et après la désignation des Notables, le pamphlet ajoutait :

« Vous avez donc icy tous les noms des Notables qui ont esté esleus et choisis par Sa Majesté afin de pourveoir aux désordres et inconvéniens qui pourroient en quelque façon altérer cest Estat... Voilà les arrhes d'un juste et debonnaire prince qui encor bien qu'il ait toute puissance et authorité d'exécuter ses pures et simples volontez, luy mesme retrancher, adjouter, ordonner et commander aussi ce que bon luy sembleroit, les remet neanmoins entre les mains de son peuple par le moyen de la convocation de ses Estats (sousmis toutefois à sa puissance absolument royale, monarchique et souveraine, et accompagnée de toutes les marques d'absolue puissance et souveraineté qu'on peut desirer ou former en un Monarque) pour en juger et disposer ainsi qu'ils verront estre juste et équitable : presage trez asseuré de grands et perdurables biens qui naistront à la France par le gouvernement d'un si sage prince, par la Police et les voix d'une si notable compagnie de sages (1). »

Tel était le langage, ou si l'on veut telle était la presse du temps; toutes les pensées politiques se rapportaient à cette ferme et pleine puissance de la Royauté. Ce dogme d'*absolutisme* offense la raison moderne; mais ce n'était pas moins la condition préliminaire de la liberté où tendaient les âges nouveaux, bien que cette liberté ne se montrât encore que comme un rayon voilé de nuages.

Les travaux de cette assemblée de Rouen indiquent d'ailleurs un mouvement de réforme dans l'État qui appellait une force inusitée dans le pouvoir.

Voici quelle fut la formule des délibérations.

— Sa M., pour diminuer sa despense au soulagement de ses subjects, est conseillée de retrancher sa Maison, ses garnisons, ses gens de guerre, de cheval et de pied, etc.

La response est du tout conforme, pour la dicte reduction.

— Deffendre de vendre aucunes charges mili-

(1) L'Assemblée des notables de France, faicte par le Roy en sa ville de Rouen, avec les noms desdits Esleus et Notables.

A Paris, chez Abraham Saugrain, rue Saint-Jacques, au dessus de Saint-Benoist, M. DC. XVII

taires, ny offices de la Maison de Sa Majesté!

Ainsi conseillé.

— Revocquer toutes reserves d'offices ou benefices. N'en donner aucunes a l'advenir, et declarer indignes ceux qui en obtiendront, ou se voudront servir des obtenus.

Ainsi conseillé.

L'assemblée de Rouen n'était donc qu'une assemblée de consultation.

La réforme ne se proposait pas moins l'abolition des priviléges (1) : de grandes existences en devaient être atteintes.

Mais aussi d'autres énormités allaient se produire par l'extension même de la puissance du monarque. Le gouvernement personnel avait ses périls; et déjà ils s'étaient révélés pour cette province de Normandie, d'où partaient les réformations, par des exactions et des pillages.

Cette province déposa aux mains du Roi des remontrances où se trouvaient ces paroles :

« Le Tiers-Estat est reduit à la pire condition qui ayt jamais esté ; sitost que luy avez donné la paix Dieu lui a faict la guerre, ayant rendu ses arbres sterilles et sans fruict, ses bleds gastez, ses grains pour la plus part, par l'inclemence du

(1) Sommaire des propositions présentées par escrit de la part du Roy en l'assemblée de Rouen, avec les responces et advis de la dicte assemblée sur icelles. M. DC. XVIII.

ciel fondu en pluye, tellement pourris qu'il est privé de ses alimens ordinaires; a ce malheur s'en est joint un autre, qui est que M. d'Ancre, abusant de l'authorité qu'il avoit, a permis, voire contrainct qu'on enlevast tout le vieil bled qui pouvoit subvenir à la nécessité présente, dont il a tiré de grands tributs. SIRE, Dieu qui n'abandonne jamais son peuple sans secours, vous a préposé icy bas pour luy bien faire, et ayant esgard a tant d'afflictions, le soulager des tailles et imposts, et du tout leur oster sa grande creüe. »

Et les remontrances se terminaient ainsi :

« Praticquez de faict ce que ce prince romain dict de parole seulement, quand on lui conseilloit de lever beaucoup d'imposts et tributs sur le peuple, respondit : que le bon pasteur doit tondre le troupeau, non l'escorcher. SIRE, prenez la laine, laissez la peau entière, afin qu'elle renourrisse ce que vous pourrez retondre chaque an. Celuy qui nous avoit esté baillé pour gouverneur, au lieu de nous deffendre et protéger, conspirant avec le ciel et en la terre, nous ont tant apporté d'incommoditez et stérilité cette année, qu'ils nous ont plongez jusques au profond de toutes misères et calamitez. »

La conclusion des Etats de Normandie, c'était l'offre d'une somme de *dix huict cens trois mil cent soixante livres* pour la présente année. « A quoy nous supplions en toute humilité vostre Majesté se contenter. » (1)

Vous voyez le notable changement apporté dans le langage national, depuis la grande proclamation du droit d'octroy, exercé par les Etats généraux. Précédemment les Etats concédaient les subsides à titre de don, *et non autrement*, pour un an ou deux ans, *et non plus*. Présentement l'assemblée des Notables supplie le Roi de *tondre le troupeau*, non de *l'escorcher*, c'est tout ce qu'il lui faut de liberté !

Mais la POLITIQUE ROYALE semble inerte et passive dans cette transformation des pensées nationales. Le peuple a voulu cette souveraineté maîtresse absolue, afin que tout plie sous sa puissance : la liberté se transforme ; elle devient un instinct d'égalité. La POLITIQUE ROYALE se laisse aller à cette impulsion.

Et ne pensez pas qu'en ce renouvellement de

(1) ARTICLES DES REMONSTRANCES faites en la convention des Notables et des trois Estats tenus à Rouen, etc.

A Paris, chez Givre-des-Hayes, demeurant à l'Isle-du-Palais, l'Etat les hommes dressés à l'étude des affaires aillent perdre de leur activité dans la recherche des améliorations sociales, et que l'esprit politique de la France aille s'amortir.

Au contraire, un grand mouvement se fait dans les idées. Chacun y participe, mais coordonne son concours avec l'action souveraine qui part de la Royauté. La France entre en des voies inconnues, et, selon son génie, elle y court.

Un écrit composé pour cette assemblée de Rouen, ADVIS A MESSIEURS DE L'ASSEMBLÉE, atteste la préoccupation publique au point de vue des réformes. Tout est passé en revue, l'Église, la Noblesse, le Tiers-Etat.

L'écrivain politique révèle toutes les plaies du temps ; et il indique à la fois l'office réparateur de la Royauté.

Quant à l'Église :

« Que le Roi ne donne plus de pensions sur les evêchés.

» Qu'il n'accorde coadjutoreries *que aux termes du droict.*

vis-a-vis le Cheval-de-Bronze, jouxte la coppie imprimée à Rouen par Martin Mesgissier, imprimeur ordinaire du Roy, M. DC. XVIII.

» Que la prohibition de la pluralité des bénéfices, si religieusement faite par tous les conciles, soit rigoureusement observée en France.

» Que toutes les abbayes soient remises en règle ; *et quand elles seront remises en bon estat, les gentilshommes dans la campagne seront bien aises d'y placer un de leurs enfants.*

» Que le revenu des bénéficiers non résidents demeure affecté irrévocablement aux hôpitaux. »

Quant à la Noblesse,

« Demander, dit l'écrivain aux Notables, la *préférence* pour la noblesse aux offices et aux bénéfices, cela est juste et sans envie. »

La *préférence*, ce n'est plus l'exclusion.

« Que les charges de la guerre et de la Maison du Roy ne soient plus en vente.

» Que toutes les survivances soient revoquées.

» Que par loy fondamentale du Royaume tous Gouverneurs généraux et particuliers finissent désormais dans trois ans, et ne puissent être continuez que pour six au plus. »

L'écrivain passe au Tiers-Etat et il débute ainsi.

« Pour le troisième, souvenez-vous que le peuple a le plus besoin de vostre secours, comme le plus foullé : et néanmoins c'est le plus puissant, il compose les villes ; le plus nécessaire, il laboure les terres ; le plus utile, il porte tout le fonds à l'Espargne. Nous avons expérimenté en ce dernier siècle que c'est de luy que dépend la paix et la guerre, et, si je l'ose dire, L'ESTABLISSEMENT ENTIER DE LA MONARCHIE. »

C'était là assurément une parole nouvelle, dans cette transformation de l'Etat, qui semblait tout ramener à la Royauté.

Il faudrait citer tout ce curieux écrit.

Il indique avec précision les causes qui ont fait la misère du peuple.

« Cinq choses, dit-il, l'oppriment grandement, les tailles, les logements des gens de guerre, le sel, les aydes, et la mangerie des officiers (gens de justice). »

Les remèdes sont dits avec liberté. Il y a des vues sur le commerce et sur les produits nationaux qui ne sont pas sans hardiesse. « Nous demeurerons tous d'accord, dit l'écrivain, que la France a ce bon-heur du ciel qu'elle se peut aisément passer de ses voisins; ses voisins ne se sauroient passer d'elle. » De là la facilité d'imposer les produits nationaux à leur sortie, et par là le moyen de diminuer les tailles. Les principes modernes sont différens; c'est peut-être que la situation de la France n'est plus la même, et que nous ne pourrions *demeurer tous d'accord* présentement que la France ait ce bonheur qu'elle se puisse aisément passer de ses voisins.

L'écrivain veut que le commerce s'étende par la marine, et que la marine s'agrandisse par le commerce.

« N'est-ce pas une honte qu'en trois cents lieues de coste il ne se trouvera pas vingt vaisseaux françois! Et néanmoins, s'il vous plaît d'y mettre la main, nous serons en peu de temps maistres de la mer, et ferons la loy à ces insulaires qui usurpent ce titre. Nous avons sans comparaison plus de havres qu'eux, plus de bois et meilleur pour bastir les navires, plus de matelots; les toilles, les cordes, les cidres, les vins, les chairs sallées, équipages nécessaires, se prennent sur nos terres. Il ne reste plus que donner la forme à ce dessein; la matière n'est que trop ample... que le Roy par edict ordonne qu'en chaque ville capitale de ses provinces les marchands feront une compagnie pour la navigation sur le modèle d'Amsterdam, et équiperont certain nombre de vaisseaux dans les ports les plus proches et les plus commodes. Et pour les inciter davantage, qu'on leur accorde de grands priviléges : comme entreautres qu'on rabatte le dixième des impositions aux navires françois qui entreront ou sortiront sans fraude de nos ports : et qu'il soit défendu, à peine de confiscation de corps et de biens, à nos mariniers d'aller servir les étrangers. En peu de temps vous ferez une flotte innombrable, et couvrirez la mer de voiles, et si vous employerez quantité de jeune noblesse qui demeure inutile et qui s'abastardit. »

Tout est dit avec cette même inspiration de patriotisme; et tout est rapporté à la puissance du Monarque.

La question de finance alors était simple; tout se bornait à diminuer les tailles.

« En général rejettez avecque honte ceux qui vous proposeront de ces expédients pour augmenter la recepte des finances : le peuple n'est que trop chargé ! Et au contraire accueillez à bras ouverts les advis qui vont a diminuer la despense, soit par retranchement légitime, soit par bon mesnage. C'est le seul moyen qui reste pour soulager le Royaume. »

Restait la question de justice.

« Messieurs, dit l'écrivain politique, voicy le dernier de nos maux et le plus agité en ceste saison, la mangerie des officiers. La valeur excessive des offices est le fondement de ce désordre : il y en a pour cent millions d'or en France; le seul moyen qu'on a de le frapper, c'est d'oster aux juges les espices et toutes sortes d'émoluments : d'une pierre vous frapperez deux coups, vous les ferez ramander, et si vous soulagerez grandement le peuple qui n'a pas tant d'intérest à la vénalité ou à la Paulette, comme à l'oppression qu'il sent à cause des exactions des ministres de la justice. »

Cette question des *épices* était plus grave en effet dans la pratique que celle de la vénalité. Otez les *espices*, disait l'écrivain, « par ce moyen nous n'aurons plus de procez en France dans dix ans. Les juges en font beaucoup plus que les parties. La juridiction des marchands, ajoutait-il, est sans contredit la plus courte et la plus équitable, parce qu'elle n'a point d'émoluments. »

L'écrivain proposait cet autre expédient de réparation : « Donnez advis au Roy qu'il face des grands jours, qui servent non seulement contre la noblesse, mais encore contre les officiers de justice, qui sans mentir exercent des tyrannies insupportables. »

Et enfin s'adressant au Roi, il résumait ses conseils avec liberté.

« Ces gardes qui veillent nuict et jour autour du Louvre, ne servent qu'au faste et à l'apparat ; l'amour des peuples est ce qui garde la personne des Roys, et celuy là, quoy qu'on vous die, Sire, ne se peut acquerir qu'en les aymant reciproquement. Traitez les comme vos enfants et indubitablement ils vous honoreront comme leur père : et surtout souvenez vous que vous n'estes pas roy seulement des courtisans, mais de quarante millions d'âmes que Dieu a mises soubs vostre charge : vous avez mille moyens de leur bien faire, et soulagez vostre peuple quant et quand. (1) »

Tels étaient les conseils proposés aux Notables et au Roi.

Il y a dans ce langage une double pensée, qui va d'une part à la puissance de la Royauté, de l'autre à la grandeur de la nation. Ainsi se résumait l'œuvre des siècles. La réparation de l'anarchie avait appelé la puissance absolue du Monar-

(1) 40 millions d'âmes ! c'est beaucoup. Du reste voici par occasion deux rapprochemens curieux :

« Il me souvient, dit l'auteur de l'*Advis des affaires de France* (États de 1614), que dès l'an 1576, aux Estats de Blois, on présenta à l'assemblée des députez, au nombre desquels j'estois, un estat par estimation projeté sur les douze archeveschez, nonante six eveschez ou diocèses, douze pairies, sept parlemens et un échiquier, douze gouvernemens anciens et dix-sept généralitez, dont était lors composé ce royaume, où l'on faisoit estime qu'il y pouvoit avoir quatre millions de maisons, etc. » De plus, l'auteur porte à 132,000 le nombre des GRANDES PAROISSES que « *l'on comptoit*, dit-il, en ce royaume. » Quatre millions de maisons, à dix habitans, font les quarante millions dont parle l'auteur de l'*Advis à Messieurs de l'Assemblée* ; et 132,000 GRANDES PAROISSES, de trois cents habitans chacune, font trente-neuf millions six cent mille âmes.

Ce n'est ici qu'un incident.

que, et l'unité nationale longuement et obstinément cherchée par la POLITIQUE ROYALE allait se consommer par le sacrifice des formes anciennes de l'Etat. *L'entier establissement de la Monarchie* ne semblait possible qu'à ces conditions, et le peuple enfin n'hésitait pas à acheter à ce prix la liberté.

Aussi, dès ce moment, les maximes de droit public prennent un caractère inusité; elles absorbent tout dans le Roy, et font de sa volonté propre le principe de la puissance et la règle absolue du devoir.

Un siècle plus tard, le président Hénaut, arrivant à l'époque des Etats de 1514, put, sans révolter la pensée d'aucun de ses contemporains, s'exprimer en ces termes :

« Je dois dire à cette occasion que comme nous ne connaissons en France d'autre souverain que le Roi, c'est son autorité qui fait les loix : *qui veut le Roi, si veut la loi;* ainsi les Etats-Généraux du Royaume n'ont que la voix de la remontrance et de la très humble supplication : le Roy défère à leurs *doléances* et à leurs prières suivant les règles de la prudence et de la justice, car s'il étoit obligé de leur accorder toutes leurs demandes, dit un de nos plus célèbres auteurs, il cesseroit d'être leur Roi; de là vient que pendant l'assemblée des Etats-Généraux, l'autorité du Parlement, qui n'est autre que celle du Roi, ne reçoit aucune diminution. »

Toute la révolution du 17e siècle est dans ces mots. Ils choquent, ils blessent, ils déconcertent la raison moderne ; c'est qu'elle reste en regard des temps nouveaux, et qu'elle ne se reporte point aux révolutions graduelles qui ont transformé les temps anciens.

Quoi qu'il en soit, c'était pour le peuple un besoin que le Roi fût maître ; par là les inégalités étaient effacées. Et, quant au Parlement, ses instincts d'agrandissement ne se pouvaient satisfaire que dans l'omnipotence du Monarque. Ce qu'on a appelé depuis l'absolutisme, ne fut d'abord qu'une maxime de Palais.

Or, la POLITIQUE ROYALE n'avait pas à discuter de telles formules de droit. On lui déférait au nom des lois du Royaume la plénitude de la puissance; son office était de la justifier en la faisant servir à la grandeur de la nation.

La révolution du XVIIe siècle est donc expliquée. Richelieu l'avait fait pressentir aux Etats de 1614 ; il s'était par là même désigné comme son instrument.

Mais qu'il soit avéré dans l'histoire, que si les pensées générales de la société n'avaient point appelé cette transformation, la POLITIQUE ROYALE ne l'eût ni entreprise, ni conçue. Chaque révolution sociale produit son génie; ou bien, lorsque ce génie lui manque, elle avorte dans les destructions aveugles et inutiles. Richelieu fut le génie d'une révolution qui changeait toutes les lois connues de la Monarchie, et qui, manifestement, les changeait au gré et au profit des masses nationales.

Ce n'est point ici le lieu d'indiquer les procédés par lesquels ces changemens furent accomplis.

Il s'y mêla de la violence, et la postérité n'a point absous le ministre terrible qui, par des expédiens extrêmes, se chargea de donner à la nation l'absolutisme qu'elle avait demandé.

Mais encore faut-il savoir d'où devaient partir contre lui les anathèmes.

Richelieu frappa les hautes têtes; c'était ce qu'avait voulu le peuple de France.

L'aristocratie huguenote tomba sous ses coups: ce fut la sanction définitive de l'unité de pouvoir, prélude de la liberté moderne.

Si donc le peuple trouvait sa satisfaction dans cette politique farouche, ce n'est pas lui qui aurait un jour à revendiquer des expiations.

Richelieu fut le ministre du peuple, non que le peuple alors eût le sentiment de l'œuvre qui se consommait ; ce qu'on appelle de nos jours l'égalité ne pouvait même être conçu en un temps de hiérarchie. Mais le peuple ne devait pas moins profiter de la politique de Richelieu ; comment donc songerait-il à le maudire ?

Rien de plus connu que l'histoire de Louis XIII ; mais elle a été altérée par les jugemens. Les passions nationales ont des mystères qui s'expliquent après que les siècles les ont éteintes.

Il en est ainsi du règne de Louis XIV ; règne éblouissant dont la raison historique n'a vu le plus souvent que la surface.

Louis XIV ne fit que recevoir et exercer l'empire, tel que l'avaient voulu les États et les Notables, et tel que Richelieu l'avait façonné. Le despotisme de Louis XIV dérivait de la volonté concertée et délibérée de la nation.

Au début de ce grand règne, et quand le prince

n'est qu'un enfant, que voyez-vous? un essai de résistance de la part des hautes têtes, appelant à leur aide des mécontens, tels qu'il y en a dans toutes les transitions. La *Fronde* n'est qu'une protestation contre la Monarchie nouvelle ; protestation bizarre, impuissante, ridicule, où se mêlent des vertus sérieuses et des intrigues burlesques ; bigarrure incroyable de comédies, de batailles, de trahisons, de railleries, de révoltes et de persiflages ; mais enfin opposition à la révolution consommée, retour à des temps qui ne sont plus, à des mœurs éteintes, à des pouvoirs, à des usages, à des justices ou à des priviléges déracinés.

Louis XIV, Roi, pénètre profondément cette révolution.

L'histoire lui a reproché son entrée au Parlement, un fouet à la main. C'était l'inauguration cavalière d'une politique qui allait jeter la nation dans les destinées que le Tiers-État avait demandées à la Royauté.

Le règne de Louis XIV est le règne du Tiers-État, mais du Tiers-État tel qu'il était alors constitué, à savoir du Tiers-Etat renfermé dans les limites de la bourgeoisie. Mais cela même était une immense nouveauté; c'était un passage éclatant à un système d'Etat où le mérite prendrait rang à côté des grandeurs antiques. Plus tard, on a cherché l'égalité dans l'abaissement ; alors elle était cherchée dans l'élévation. Pour imposer cette égalité de la grandeur, il fallait un empire puissant et inconnu; le despotisme de Louis XIV était le couronnement des affranchissemens de Louis-le-Gros.

Toutefois la POLITIQUE ROYALE franchit les bornes. Son office était de soumettre à la Monarchie les aristocraties qui l'avaient long-temps fatiguée; elle pouvait transformer leurs passions et leurs instincts en les associant à toutes les gloires des temps nouveaux; elle trouva plus commode de les dompter par la vanité et par les plaisirs, ces deux grands leviers de décadence.

Ce n'est pas que la noblesse ne prît sa part de la gloire du grand siècle; on la vit épuiser son sang au service de l'État; et rien n'est plus grand que l'histoire de ses dévoûmens, de ses luttes et de ses morts sur tous les champ de bataille où la jeta Louis XIV.

Mais son existence publique n'en était pas moins altérée et abaissée, et en cela la POLITIQUE ROYALE avait suivi une inspiration extrême, l'intérêt de la liberté n'exigeant pas que les oppositions des vieux barons s'éteignissent dans la mollesse des cours, ou que leur dignité expirât dans l'énervement de la débauche.

Toujours est-il que la POLITIQUE ROYALE tendait à l'unité par tous les expédiens, par la gloire et par les plaisirs, et que l'unité c'était la liberté.

Le règne de Louis XIV, à ce point de vue, est une époque profonde et curieuse à méditer.

Mais on ne saurait pour cela le détacher du siècle antérieur. C'est l'aspiration du siècle antérieur vers la liberté qui a fait le pouvoir absolu de Louis XIV. Ce n'est point ici un sophisme; c'est un fait notoire, tout bizarre et tout imprévu qu'il paraisse à la raison des politiques frivoles.

Il n'y avait pas jusqu'à la question de l'Eglise qui n'eût été sciemment dénaturée au profit de la toute-puissance de la Royauté.

Chose étonnante ! l'homme, si jaloux de la liberté de sa conscience, courait au devant des maximes d'Etat qui mettaient cette liberté à la merci du Monarque.

La révocation de l'Edit de Nantes et la déclaration de 1682 tiennent plus qu'on ne croit au même principe; et ce principe, les Etats de 1614 l'avaient posé: c'était la souveraineté absolue du Roi.

Quoi d'étonnant que le Roi l'eût pris au sérieux! on avait fait la Royauté arbitre de la pensée, de la volonté, de la conscience des sujets. La POLITIQUE ROYALE commença par frapper les sectes qui rompaient l'unité, et l'on sait avec quel applaudissement de la nation; et comme l'unité c'était le Roi, la POLITIQUE ROYALE s'appliqua à absorber en cette unité l'Eglise catholique même. De là de fatales erreurs, mais inhérentes à la déviation générale des lois primitives de la Monarchie.

C'est ici un vaste sujet d'études, mais hors du cadre du présent écrit.

Qu'il soit seulement avéré que la souveraineté absolue du Monarque était l'expression délibérée et systématique des derniers Etats. Et, toutefois, n'imaginez pas que cette souveraineté fût entendue dans le sens de la puissance arbitraire : « Ce système odieux, dit J.-J. Rousseau, est bien éloigné d'être, même aujourd'hui, celui des sages et bons Monarques, et surtout des Rois de France, comme on peut le voir en divers endroits de leurs édits, et en particulier dans le passage suivant d'un écrit célèbre, publié en 1667 au nom et par les ordres de Louis XIV. « *Qu'on ne dise pas qu'un Roi n'est pas sujet aux lois de son Royaume, puisque la proposition contraire est une vérité du droit des gens, que la flatterie a quelquefois attaquée, mais que les bons princes ont toujours défendue, comme une divinité tutélaire de leurs Etats. Combien est-il plus légitime de dire avec le sage Platon, que la parfaite félicité d'un Royaume est qu'un prince soit obéi de ses sujets, que le prince obéisse à la loi, et que la loi soit droite et toujours dirigée au bien public* (1). »

(1) Discours sur l'inégalité des conditions. L'écrit de Louis XIV, cité par Rousseau, est la *Défense des droits de la reine Marie-Thérèse.*

Ainsi, l'absolutisme avait sa règle, et c'est en ce sens que Bossuet en a tracé la théorie (1).

Et en ce sens aussi Louis XIV le fit servir aux vues instinctives de la nation, en changeant, ainsi qu'elle en avait senti le besoin en 1614, toutes les conditions du gouvernement.

On a souvent présenté Louis XIV avec son cortége de grands hommes pris dans tous les rangs de la Nation : cela même est l'indice du renouvellement de la Monarchie; la gloire est toute l'égalité.

La Bourgeoisie fournit les grands ministres, les grands ambassadeurs, les grands marins, les grands hommes d'affaires; et tel est l'ascendant d'une idée droite qui s'impose par une volonté résolue, qu'elle semble être l'idée spontanée de tout un siècle. Ces grandes élévations ne laissent pas de traces d'envie. Colbert et Louvois sont rivaux entre eux ; mais devant leur pouvoir tout s'incline. Un peuple n'a de persiflage pour les hommes nouveaux, que lorsqu'il est permis aux plus pervers, aux plus lâches ou aux plus sots de jouer des rôles de parvenus.

On ne saurait dire cependant que ce système

(1) Politique sacrée.

de gouvernement, ouvert à tous les mérites, n'eût pas froissé secrètement quelques vanités. Mais elles attendirent la mort de Louis XIV pour éclater. Alors s'étalèrent les blessures. Et ici encore voici des méprises par où vont s'expliquer toutes les réactions, tous les crimes et tous les malheurs des temps nouveaux.

Le Régent paraît ! la POLITIQUE ROYALE est éclipsée. Une politique de cour se lève ; elle demande, elle impose une réaction soudaine, emportée, contre le système de Louis XIV.

Nul n'a décrit avec plus de naïveté cette réaction que le duc de Saint-Simon. Il était l'ami du Régent, et dès long-temps il avait tourné l'esprit de ce prince à des idées de représailles contre la politique de Louis XIV.

« Ce que j'estimai le plus important à faire et le plus pressé à exécuter, dit le duc en ses Mémoires, fut l'entier renversement du système du gouvernement intérieur dont le cardinal Mazarin a empoisonné le Roi et le Royaume. »

Il s'arrêtait à Mazarin, de peur de toucher à sa propre origine de duc, en montant à Louis XIII. Mais ses griefs sont dignes d'attention.

« Tous ses soins, disait-il (de Mazarin), toute son application se tournèrent à l'anéantissement des dignités et de la naissance par toutes sortes de voies, à dépouiller les personnes de qualité de toute sorte d'autorité, et pour cela les éloigner par état des affaires, y faire entrer des gens aussi vils d'extraction que lui, accroître leurs places en pouvoir, en distinction, en crédit, en richesses, persuader au Roi que tout seigneur étoit naturellement ennemi de son autorité. Il le porta à préférer, pour manier ses affaires en tout genre, des gens de rien, qu'au moindre mécontentement on réduisoit au néant, en leur ôtant leur emploi avec la même facilité qu'on les en avoit tirés en le leur donnant; au lieu que des seigneurs, déjà grands par leur naissance, leurs alliances, souvent par leurs établissemens, acquéroient une puissance redoutable par le ministère et les emplois qui y avoient rapport et devenoient dangereux quand o cessoit de s'en servir, par les mêmes raisons. De là l'élévation de la plume et de la robe, et l'anéantissement de la Noblesse (1). »

(1) *Mém.* tom. XII, ch. 19.

C'était expliquer la POLITIQUE ROYALE avec colère, et cela même était un hommage.

Saint-Simon proposait donc une réaction contre ce système d'abaissement de la Noblesse ; et son plan était une création de conseils dans l'État, où entreraient les seigneurs chassés des affaires depuis Mazarin.

« Je représentai à M. le duc d'Orléans que cet établissement flatteroit extrêmement les seigneurs et toute la Noblesse, éloignée des affaires depuis près d'un siècle, et qui ne voyoit pas d'espérance de se relever de l'abattement où elle se trouvoit plongée ; que ce retour inespéré et subit du néant à l'être toucheroit également ceux qui en profiteroient par leurs nouveaux emplois, et ceux encore à qui il n'en seroit point donné, parce qu'ils en espéreroient dans la suite par l'ouverture de cette porte, et qu'en attendant ils s'applaudiroient d'un bien commun et de la jouissance de leurs pareils (1). »

On ne saurait dire la fécondité du duc à motiver cette oligarchie. Il y ajoutait la convocation des États-Généraux, pour ratifier ce retour contre une politique qui avait sa racine aux États de 1614.

Le temps était propice, disait-il. « Plus de

(1) *Mém.* tom. XII, ch. 19.

partis dans l'État... plus de restes de ces anciennes factions d'Orléans et de Bourgogne... plus d'huguenots et point de vrais personnages en aucun genre ni état, tant ce LONG RÈGNE DE VILE BOURGEOISIE (entendez-vous?) adroite à gouverner pour soi et à prendre le Roi par ses faibles, avoit su tout anéantir; et empêcher tout homme d'être des hommes, en exterminant toute émulation, toute capacité, tout fruit d'instruction, et en éloignant et perdant avec soin tout homme qui montroit quelque application et quelque sentiment. »

Ces paroles ne sont-elles pas une vive lumière? Le duc vaniteux dit encore : « Grands et petits, connus et obscurs, furent forcés d'entrer et de persévérer dans le service, d'y être un VIL PEUPLE en TOUTE ÉGALITÉ. » Et plus loin : « Le Roi a craint les seigneurs et a voulu des garçons de boutique (1). » On le voit; il jette à flots sa colère.

La politique du Régent devait donc être en sens inverse de ce LONG RÈGNE DE VILE BOURGEOISIE! Et ceci répond à tant d'aveugles et sots dénigremens du règne de Louis XIV! La démocratie moderne n'a pas toujours su ce qu'elle disait ni ce

(1) *Mém.* tom. XIII, ch. 3.

qu'elle faisait. Il a été bizarre de voir les philosophes du peuple se faire les héritiers de la morgue de Saint-Simon. Au moins le duc et pair avait ses raisons pour haïr le Roi de la VILE BOURGEOISIE. Il ne se méprenait pas sur la POLITIQUE ROYALE, et il l'insultait à bon droit. Pour cela même les démocrates devaient prendre garde de se fourvoyer en acceptant les sarcasmes du grand seigneur. L'histoire des partis modernes n'est qu'une longue inadvertance; et ce serait risible, si les méprises ne les avaient pas conduits souvent à la démence et à la fureur.

Quoi qu'il en soit, voici le point d'arrêt de la POLITIQUE ROYALE bien déterminé.

Le Régent cède aux inspirations du duc de Saint-Simon ; le gouvernement est divisé en conseils ; toute la Cour entre aux affaires ; soixante-dix ministres prennent part à la conduite de l'État. Mais aussi quel désordre! et quel pillage!

Cependant, ainsi que l'avait prévu Saint-Simon, cette réaction trouva des applaudisseurs. Le duc de Grammont interrompt les Mémoires du maréchal son père pour exalter une politique qui va, dit-il, assimiler le gouvernement du

Royaume à celui de la Monarchie d'Espagne. Écoutez-le !

« Cette forme de gouvernement commis aux gens de qualité et d'épée, joint au peu d'officiers de robe qui sont établis dans toute la Monarchie d'Espagne, étoit bien différente de celle de notre Royaume, que l'épée a fondé et que l'épée a conservé, où les emplois des conseils sous le règne précédent n'étoient possédés que par les gens de robe; mais le grand prince qui, par le droit de sa naissance et par ses éminentes qualités, vient d'être appelé à la Régence du Royaume.... vient d'établir cette même forme de gouvernement en mettant à la tête et dans tous les conseils par lesquels cette puissante Monarchie est gouvernée, les princes du sang et les plus grands seigneurs du Royaume (1). »

La déviation de la POLITIQUE ROYALE est bien avérée. C'est même plus qu'une déviation, c'est un retour. Le courant remonte; mais aussi ce n'est pas la Royauté qui marche ainsi contre elle-même : c'est une Régence accidentelle qui lui fait violence.

Peu d'hommes ont réfléchi sur ce grand évè-

(1) *Mém. du maréchal de Grammont*, an. 1659.

nement, et il est pourtant l'explication de toute l'histoire contemporaine. Là se trouve le point de départ du XVIIIe siècle avec ses opinions, avec ses réactions, avec ses débauches, avec ses saturnales de philosophie et de politique, avec ses orgies d'égalité et ses folies de privilége.

Maintenant lisez l'histoire sous l'impression de cette pensée, et vous verrez comme elle s'éclaircit d'elle-même. Tout s'en va, tout dépérit, tout tombe, les mœurs, les lettres, la justice, la guerre, les parlemens, les États, la ville, la cour, la province; tout! et pourquoi? parce qu'il n'y a plus de POLITIQUE ROYALE, ou parce que la POLITIQUE ROYALE est faussée, parce qu'elle est absorbée dans un régime de seigneurs et de maîtresses.

Chose remarquable! ce fut dans ce mouvement de réaction violente contre la POLITIQUE ROYALE, que la Régence sentit on ne sait quel besoin de proclamer certaines maximes nationales de souveraineté qui avaient semblé s'obscurcir dans l'exercice de la puissance (1). Il y a des temps ainsi faits. On tourne le droit contre le droit! on détruit la liberté, et on invoque la

(1) Édit de 1717.

liberté ! Les peuples se prennent aisément à ces piperies.

Mais voici un indice qui supplée à tous les récits.

Louis XIII et Louis XIV avaient, par des règlemens militaires, appelé au grade d'officier le mérite et la vaillance. Une ordonnance de 1638 portait : « Le soldat, par ses services, pourra monter aux charges et offices des compagnies de degrés en degrés, jusqu'à celui de capitaine, et plus avant s'il s'en rend digne. »

En 1781, en plein XVIIIe siècle, sous le règne des doctrines qui rasaient tout dans la société, un ministre philosophe, le maréchal de Ségur, ne craignit pas d'attaquer ces traditions de POLITIQUE ROYALE par un édit qui déclarait inhabile à devenir officier tout Français qui ne serait pas noble de quatre générations (1).

Quel vertige ! mais il s'explique par le point de départ de la Régence. La Royauté a été arra-

(1) Ce double souvenir est emprunté à l'*Histoire de France* de M. Mazas.

chée de sa voie ; elle ne s'appartient plus ; elle est devenue un instrument contre elle-même.

Louis XV disparaît dans sa vie de volupté et d'insouciance avec ce mouvement en arrière de la POLITIQUE ROYALE.

Louis XVI apparaît! dans sa conscience d'honnête homme, il pressent l'erreur de cette marche, mais sans se croire la force de la redresser.

Quel génie il eût fallu pour faire rentrer la Monarchie nationale dans ses voies! songez à la vaste confusion des idées, au travail désordonné de tous les esprits, au mélange des vœux, à la contradiction des réformes! Le siècle se précipite les yeux fermés vers un abîme. Tout y court, peuple, bourgeoisie, magistrature, noblesse, clergé. Ce n'est pas un retour de POLITIQUE ROYALE qui préoccupe la nation; nul ordre, nul homme n'en a de souci. Le désir immense qui remplit toutes les âmes, c'est un désir de table rase. Il n'y a pas dans l'histoire de l'humanité un tel exemple d'emportement et de frénésie.

Voilà donc Louis XVI, seul dans son empire, prenant au sérieux le besoin des réformes sociales, écoutant les vœux de chacun, les plaintes, les plans, les systèmes, et se noyant dans ces pensées contradictoires, sans trouver autour de lui un homme, non, pas un seul, ni noble, ni bourgeois, ni prêtre, qui eût le courage, ou la volonté ou le génie d'entreprendre de sauver la société française dans cet ouragan d'opinions impétueuses et contraires.

L'histoire a accusé Louis XVI, comme s'il eût été coupable des folies de son siècle. Elle n'a pas tenu compte des difficultés d'une situation contre laquelle tout conspirait, les hommes, les choses, les préjugés, les réformes, l'amour, la haine, toutes les passions ensemble.

A étudier attentivement la vie de Louis XVI, on la voit attristée par un sentiment secret de ce grand péril. On dirait une victime qui se sent prédestinée au sacrifice.

Cependant, cette espèce de résignation désespérée n'empêche pas le Roi d'étudier avec scrupule le besoin de nouveauté et de réforme. Mais on était arrivé à des temps où l'art de la politique consistait à expérimenter sur la vie des peuples. Chaque ministre a ses systèmes, et chaque système est un nivellement.

Le Roi épuise sa méditation et sa droiture à la comparaison des moyens de sauver l'État (1).

(1) Voyez les *Mémoires de Bailly*. Ils mettent en lumière l'es-

Chaque choix est un péril. Dans le conflit des opinions, il y a une résistance prête pour chaque parti adopté. Tous les hommes appellent la correction des abus, mais à la condition qu'on ne touchera pas aux abus qui plaisent à leur égoïsme.

Ici encore revient à la pensée la dictature romaine, laquelle, dit Montesquieu, était un moyen de ramener le peuple à la liberté.

Il eût fallu un dictateur pour ramener la POLITIQUE ROYALE à son principe.

Ce dictateur manqua. La France s'engouffra dans l'anarchie.

Ici éclatent les erreurs modernes. Les partis populaires de 89 pouvaient, par un instinct véritable de liberté, suppléer à l'office d'une dictature constitutionnelle. Ils n'avaient qu'à se souvenir de la POLITIQUE ROYALE ; mais ils ne montèrent pas au delà de la Régence, et ne virent ni la cause, ni le remède des maux qu'ils voulaient guérir.

prit, les bons désirs, le savoir de Louis XVI, mais aussi ses indécisions.

Depuis on n'a su qu'insulter le Roi comme un idiot, c'est pis que de l'avoir tué !

M. de Lamartine est plus régicide que Grégoire.

Rien n'égale les confusions de cette époque. Le Roi porte un édit qui consacre le principe de l'égalité en matière d'impôt; le Parlement se récrie, il entraîne le peuple dans ses oppositions, et l'intéresse à ses priviléges. Le frère du Roi paraît pour faire enregistrer cet édit; Paris le hue. C'est un vrai délire.

Les Etats-Généraux arrivent sous l'impulsion de ces idées de nouveauté indéfinie. La France n'aspire pas à la liberté, elle aspire à une révolution, et tout le monde y court.

Il ne sert de rien d'indiquer le retour de la POLITIQUE ROYALE dans l'appel fait par Louis XVI à tous les ordres et à tous les citoyens. Les vieilles maximes de droit public étaient ravivées; mais elles étaient impuissantes à satisfaire l'immense et vague besoin de choses nouvelles qui travaillait la nation.

Toutefois, plus le Monarque élargissait les formes de la liberté, plus les partis encouraient les reproches de l'histoire de ne savoir ou de ne vouloir pas se rattacher au principe qui avait présidé aux transformations successives de la Monarchie féodale.

Ces fatales confusions furent le principe des

violences et des crimes qui bientôt désolèrent et souillèrent la France.

Pour l'honneur de l'intelligence publique, il y eut pourtant d'éclatantes indications de vérité; et la POLITIQUE ROYALE apparut aux esprits calmes et fermes avec ses ressouvenirs de luttes populaires.

Une société de gens de lettres dépouillant les cahiers des Etats, prit occasion de rappeler l'œuvre de la Monarchie. Elle apportait à ses examens un esprit de colère contre les grands; mais cette disposition même rend ses jugemens plus dignes d'attention.

« Il s'en fallut peu que les orages qui se formèrent dans le sein de l'Etat, sous la minorité de Louis XIII, son inexpérience lorsqu'il voulut régner, les cabales de sa cour, la timide impéritie de son conseil, ne remissent la France sous le joug aristocratique. Ce n'était partout qu'intrigues et factions; les princes du sang, les gouverneurs des provinces, ceux des villes, les commandans des troupes, regardaient leurs officiers comme une propriété patrimoniale; comblés de grâces et d'honneurs, ils mettaient sans cesse un nouveau prix à leur fidélité équivoque; sans cesse la cour était forcée de marchander leur soumission apparente; les trésors de l'Etat, prodigués à leur insatiable avarice, ne suffisaient plus pour arrêter leur défection ; et le peuple, livré à une multitude de tyrans, éprouvait sous une administration sans vigueur toutes les horreurs de la plus désolante anarchie.

» Ces désordres disparurent devant le génie de Richelieu... Le chaos de la Monarchie se débrouilla sous sa main redoutable; tous les pouvoirs furent restitués au trône, et dès ce moment la France se montra sur la scène politique avec toute la dignité qui lui appartient dans la balance des Etats de l'Europe (1). »

Chose étonnante ! on reconnaissait que la France avait été grande, depuis que tous les pouvoirs avaient été restitués au trône; et on allait briser le trône pour reconquérir la dignité perdue.

Remarquez que le trône n'avait plus ces pouvoirs qui avaient relevé la dignité de la France. Le Régent avait arrêté ce cours de politique, et la faveur n'en venait pas moins aux princes héritiers de son nom. La maison d'Orléans avait dé-

(1) Résumé des cahiers, par une société de gens de lettres; discours préliminaire.

fait l'œuvre populaire; pour prix elle avait conquis la popularité.

La Révolution française est un amas de contradictions de cette sorte. On dirait une fantaisie dans la haine comme dans l'amour, dans les représailles comme dans les apothéoses.

Mais un instinct de nivellement absolu planait sur ce désordre aveugle. Une vaste égalité s'établit, l'égalité de la destruction et de la mort.

Tel fut, au vrai, le génie de la Révolution française. Dans ses emportemens, il n'était pas possible qu'elle tînt compte du travail des siècles. Tout le passé faisait horreur. On creusa un abîme comme pour en faire une séparation entre les vieux temps et les temps nouveaux, et cet abîme fut rempli de débris et de cadavres. La grande Maison de France périt dans ce gouffre.

La politique royale disparut; il ne resta plus qu'un peuple s'ébattant dans les supplices ou se consolant des crimes par la gloire des batailles.

CONCLUSIONS.

Laissons les spectacles d'anarchie, et demandons à l'histoire d'autres leçons.

La Nation est seule avec son génie; elle n'a plus dans sa main l'instrument de liberté qui, durant huit ou dix siècles, avait merveilleusement obéi à ses inspirations et à ses besoins.

Parvenue à ce degré de civilisation et d'intelligence que le monde a glorifié sous le nom de philosophie du 18e siècle, il semble qu'elle va trouver en elle tous les élémens d'ordre et de force. Elle se fait des constitutions, elle se fait des gouvernemens : rien n'embarrasse le plein exercice de son droit suprême.

Et pourtant qu'arrive-t-il ?

Tous les actes de la Nation sont librement délibérés; ils sont revêtus de solennité et de puissance, ils doivent tous être immortels! Et à peine sont-ils produits, que déjà ils ne vivent plus. Ses constitutions durent un jour; ses pouvoirs se précipitent les uns sur les autres. N'y a-t-il pas ici quelque chose qui doive déconcerter la raison des politiques?

La première œuvre de la Nation est la Constitution dite de 1791. C'est la première œuvre, en effet; car les décrets de l'Assemblée constituante n'avaient point été jusque-là des œuvres; ils avaient été des démolitions.

Cette Constitution célèbre est une organisation de démocratie avec une royauté nominale.

Elle est promulguée le 14 septembre 1791.

Elle produit la Convention; cet enfantement la tue.

Le 24 juin 1793 la Convention proclame une Constitution nouvelle.

Celle-ci ne fait que naître et mourir. La Convention l'a envoyée à la sanction des assemblées primaires.

Appel dérisoire!

Le 4 décembre suivant, la Convention publie une Constitution différente qui n'est qu'un règlement proposé par le Comité de Salut public pour l'exercice de la tyrannie.

Le 22 août 1795, une autre Constitution paraît; elle a été délibérée par la Convention; elle est soumise à la ratification du peuple; c'est la Constitution dite de l'an III. Elle renferme 377 articles : on dirait un code médité de gouvernement; elle vit quatre ans.

Le 13 décembre 1799, la République est transformée. Elle est gouvernée par des consuls. Une Constitution règle les nouvelles formes de l'État; elle est ratifiée par le peuple; trois ans après, les consuls la modifient par un sénatus-consulte organique, qui prépare l'abolition de la République.

Le 18 mai 1804, le gouvernement de la République est remis à un empereur. La Constitution se transforme encore. Un sénatus-consulte organique formule les règles du despotisme.

Telle est la fixité des établissemens nouveaux.

Et ne pensez pas qu'ils soient dépourvus de prévoyance et de sagesse. Quelques unes de ces Constitutions, toutes peut-être, gardent l'empreinte du génie national. Partout vous trouvez des pensées d'ordre et de liberté. Il en est qu'il suffirait de raviver, ce semble, pour trouver la solution des problèmes les plus complexes des temps nouveaux; quelques unes, par la minutie de leurs règlemens, attestent un souvenir profond des vieilles lois. Et pourtant toutes ont péri. A peine elles ont effleuré le sol. Nulle n'a laissé de trace.

C'est que la délibération seule ne fait pas vivre les institutions politiques.

C'est que la liberté n'est pas une maxime qu'il suffise d'écrire dans les codes si elle ne se réalise pas dans les mœurs.

C'est que toute nation arrive à l'état de société avec des conditions premières qui la conservent, et que rien ne supplée ces conditions, ni la sagesse des lois, ni la tyrannie des pouvoirs.

Admirez donc que la Nation la plus puissante du monde, s'étant dégagée de l'un des élémens primitifs qui l'avaient constituée, n'ait pu, avec son génie, et sa gloire et sa volonté, donner quelque vie aux lois délibérées par elle, pour être le principe et le nerf de son organisation nouvelle.

D'où vient cette impuissance? Qui en dira le mystère?

Puis se fait une autre épreuve. A la place des Constitutions délibérées, que la délibération détruit, paraît une Monarchie accidentelle, devant qui la France tombe tout éblouie.

Le génie de Napoléon Bonaparte ne doit pas être ici un objet d'étude approfondie. L'histoire dira comment cet homme *du destin*, ainsi se nommait-il lui-même, apparut sur le chaos. Tout lui fut propice. Il n'avait point pour mission de reprendre les traditions antiques de la France, mais de remettre l'ordre dans les ruines, et il remplit cet office avec des inspirations que la politique contemporaine n'a point assez glorifiées.

Qu'une certaine fatalité le poussât au dehors à un système de guerres toujours renaissantes, comme pour servir d'instrument à des expiations mystérieuses dans toute l'Europe, c'est un point de vue qui n'a pas échappé aux moralistes. Ce qui leur a le plus souvent échappé, c'est l'appréciation de son action réparatrice dans l'intérieur de la France. Napoléon est admiré comme un homme de bataille, il est à peine jugé comme homme de gouvernement.

Disons toutefois un seul mot, c'est que dans ce travail de réparation sociale, quelque chose manqua au grand homme : il ne lui manqua pas le génie propre, il lui manqua le génie des âges. Aussi ne fit-il que passer. Sa trace est restée profonde, mais comme celle d'un envoyé de la Providence, qui remplit son office et disparaît.

Ainsi la puissance extrême est insuffisante comme la liberté extrême à constituer un peuple. Qu'est-ce à dire? La France va-t-elle flotter indéfiniment dans les essais d'organisation? L'anarchie, la gloire, la paix, la guerre, tout lui devient stérile. Quoi donc! La nation prédestinée ne retrouva-t-elle pas sa base pour se raffermir, et reprendre son empire de prosélytisme entre tous les peuples!

Voici une expérience tout imprévue.

La vie d'une nation est une grande unité. En 1814, cette unité semblait rompue; Louis XVIII voulut la refaire.

La Charte, dont on lui a reproché l'octroi pur et simple, attestait par cela même un bon vouloir de renouer les temps. Mais que de résistances! mais que de périls! mais que d'obstacles, ou publics, ou cachés, même dans l'entraînement qui poussait le peuple entier vers cette Royauté, son égide et son recours d'autrefois contre le servage! ou bien, à défaut d'obstacles et de périls, que de méprises!

D'une part, la Royauté n'avait pas assez réfléchi à la déviation que la Régence lui avait imprimée, et au besoin de monter par delà ce fatal XVIIIe siècle pour y reprendre des traditions accommodées à des temps nouveaux ; d'autre part, le peuple, ou plutôt les partis qui prirent son nom, eurent peine à croire qu'une race qui avait tant souffert de la Révolution fût disposée à oublier ses meurtrissures. On supposa à la Royauté des pensées de retour à des formes de commandement blessantes pour l'égalité. Ce fut la cause générale d'une réaction contre une politique bienveillante mais indécise : les fautes des hommes, ou des partis, ou des ministères de la Restauration, n'en furent que les causes accidentelles.

Fallait-il qu'il en fût ainsi fatalement? Et la Royauté était-elle condamnée à ne pas revivre en cette France, avec ses instincts populaires et son travail séculaire de liberté, de puissance et de gloire?

Qui l'oserait dire ? Toujours est-il que la Restauration ne vit pas assez que si des révolutions terribles avaient remué, ravagé la surface de la société, une révolution d'une autre sorte en avait traversé les profondeurs ; c'est cette révolution qui était devenue le fond sur lequel eût dû s'enraciner la POLITIQUE.

La Restauration devait s'asseoir avec hardiesse sur ce sol nouveau; elle eut peur de le toucher; elle tomba.

Ainsi, d'une part des Constitutions étaient mortes parce qu'elles avaient voulu faire sortir le pouvoir de la liberté; une autre Constitution mourait parce qu'elle voulait faire sortir la liberté du pouvoir.

Liberté et pouvoir! sont deux élémens de société qui ne sauraient jamais être isolés. Unis, c'est l'ordre et la force; séparés, c'est la faiblesse et la ruine.

Aussi désormais la raison politique peut indiquer les conditions de la Constitution qui infailliblement doit clore tant d'épreuves.

Ici nous passons à l'avenir! Le présent est un travail auquel chacun participe, le plus souvent à son insu, et qui échappe aux jugemens par sa mobilité. Il en est du présent comme de ces œuvres que façonne l'ouvrier sans les voir et sans les soupçonner : c'est une tapisserie savante dont

Dieu a le dessin; elle n'est connue que lorsqu'elle est achevée.

Mais l'avenir n'est-il pas plus mystérieux encore ? Quel œil percera le voile qui le couvre ?

L'avenir est le plus souvent indiqué par des analogies. Comme le temps est une succession, la pensée connue de la veille indique la pensée cachée du lendemain. Non que les évènemens soient tenus d'obéir exactement à cette logique ; les évènemens sont une forme de la pensée ; et cette forme est capricieuse et imprévue. Mais la pensée ne l'est pas ; Dieu a donné à l'homme de la saisir et de la fixer : c'est toute la puissance et toute la gloire de l'esprit humain.

Voici donc ce qu'il est permis d'affirmer de LA POLITIQUE de l'avenir, par quelques accidens qu'il doive plaire à Dieu de la produire.

La POLITIQUE de l'avenir rattachera les temps nouveaux aux temps anciens, mais ce ne sera pas sans avoir longuement et mûrement étudié la société sur laquelle se doit consommer cette œuvre d'unité patriotique.

Cette société n'a rien de semblable à ce qui fut en aucun temps. A peine même est-ce une société; c'est plutôt un éparpillement. Rien de commun, rien d'associé par la similitude des rapports ; partant, plus de défense commune, ce qui revient presque à dire plus de liberté ! car la liberté individuelle est sans force : la liberté n'est réelle que là où la défense de chaque citoyen est la défense de tous les autres.

Alors le despotisme naît de lui-même, le pouvoir politique suppléant au lien social par la force.

C'est ce qui s'est vu dans toutes les révolutions modernes depuis la Réforme.

En Allemagne, l'absolutisme royal est un dogme qui dérive de la liberté protestante.

En France, l'absolutisme royal est remplacé par l'omnipotence de l'État, dogme légal ou philosophique non moins farouche, devant lequel plient de force toutes les volontés.

Ce qu'on appelle la centralisation n'est qu'une forme de l'absolutisme. Et quelque odieuse qu'elle soit, la raison politique l'accepte en désespoir de cause, comme un moyen extrême de relier les parties éparses de la société : la société se sauve de l'individualisme par la tyrannie.

Mais la POLITIQUE intervenant dans cette dispersion des membres d'un même corps, s'appliquera à leur trouver un principe d'unité qui les relie sans les contraindre et les asservir.

Ce principe est heureusement indiqué par la nature des choses ; c'est le principe de la *commune.* Principe ancien et nouveau, tout à la fois, origine de la nationalité gauloise, son nerf sous la conquête franque, sa force de renouvellement sous l'impulsion de Louis-le-Gros, sa défense contre les déchiremens de la politique, son unité contre l'anarchie des sectes.

La *Commune*, dans la dispersion de toutes les agrégations, est l'association naturelle des citoyens.

C'est aussi le point de départ de toute l'organisation du corps politique.

Que la Commune soit la base de la représentation publique. Par la Commune, tous les citoyens sans exception participeront à la vie sociale, particulièrement à l'élection des députés, et par eux au vote de l'impôt et à la confection des lois.

Ainsi les dogmes anciens peuvent se reproduire sous une forme nouvelle.

Vous n'avez plus d'ordres ; vous retrouvez un ordre où les restes de la Constitution peuvent se raviver.

De la Commune, vous montez au sommet de l'État par une hiérarchie de conseils où l'activité politique trouve de fécondes applications, où les hommes se rapprochent par une heureuse émulation de travaux, où les partis s'affaiblissent par le contact, où l'égoïsme s'éteint au souffle du patriotisme.

Dire l'organisation qui se déduit de ce principe est superflu : les élémens en sont assez indiqués dans les ébauches de la Constitution moderne, si ce n'est que les pouvoirs qui se sont succédé depuis soixante ans ont fait la tyrannie de ce qui devait être la liberté :

La Commune;

Le Canton;

Le Département.

C'est le triple degré par où la liberté monte, par où le pouvoir descend.

Par ce système, la CENTRALISATION cesse d'être assimilée à l'absolutisme. L'action politique est centrale ; c'est la condition de l'unité.

Mais l'unité, c'est l'activité. La société qui ne serait que passive dans ses membres, ne serait pas une réunion de citoyens; ce serait une agglomération d'esclaves.

L'unité dans la variété, c'est la perfection de l'ordre : la liberté dans la CENTRALISATION, c'est la perfection de la politique.

Dans ce système tout devient d'une pratique simple.

Ainsi vous avez la participation légale de tous les membres de la société au mouvement et à la gestion de ses affaires ;

Vous avez le droit de défense mutuelle par l'association ;

Vous avez le principe d'élection appliqué aux fonctions administratives, judiciaires même, sous la réserve d'un droit naturel de recours à la puissance protectrice de l'État ;

Vous avez le principe d'admission de tous aux emplois et aux honneurs publics, sous la condition de la capacité et du savoir ;

De là enfin cette grande noblesse moderne, la noblesse de l'éducation, par où se rajeunit la noblesse ancienne et se rapprochent tous les mérites.

Ce n'est pas tout, sans doute ; car la société n'est pas une pure organisation, c'est une assimilation d'êtres de même nature, liés entre eux par une intelligence commune.

Ainsi, tandis que des associations particulières

s'établissent sous la sanction de la loi, un élément plus intime et plus énergique constitue et cimente leur unité. Cet élément, grâce au ciel! survit toujours: c'est la Religion.

Et ici s'offre la question morale la plus agitée des temps modernes; celle du droit de la Religion dans la politique.

On ne dit pas que la Religion doive être bannie du sein de la société; ce serait proclamer l'état sauvage. On dit qu'elle sera mise en dehors de l'État, ou bien que l'État sera civilement et politiquement sans Religion.

Question épineuse, complexe, effrayante!

L'État sera sans Religion! ces mots même étonnent et troublent la raison de l'homme.

C'est, dit-on, que dans la situation présente des mœurs et des idées, l'État ne peut avoir une religion définie. Mais l'État n'a-t-il pas une pensée arrêtée de justice? Ne croit-il pas à une règle précise de morale? Ne croit-il pas aux devoirs, aux droits, aux vertus? Ne croit-il pas à une certaine règle d'équité, en vertu de laquelle il doit la rémunération aux mérites et la vindicte aux méfaits? Et cela qu'est-ce, sinon la Religion?

La raison répugne à concevoir que l'État puisse

être sans Religion. S'il était sans Religion, il serait sans doctrines morales. Et qu'est-ce alors que la politique? Si la Religion disparaît comme principe de commandement et raison d'obéissance, que reste-t-il pour déterminer un ordre quelconque dans la société ? La force. Et la force, c'est la barbarie.

La Religion est la défense du peuple. Outre qu'elle console ses douleurs, elle garde et sanctifie sa liberté.

Ajoutez que la société est tenue, à ce titre même de société, à de certains devoirs envers la divinité, devoirs qui se résument en un *culte public*, dont nulle nation connue dans l'histoire ne s'est jamais affranchie.

De là une Religion quelconque dans l'Etat, sous peine de descendre au dessous même de l'état sauvage.

Toutefois, dans la constitution moderne de la société politique, la Religion publique n'implique point l'exclusion des cultes privés!

Cette constitution, en effet, n'est plus identique avec la constitution de la société religieuse. C'est pourquoi la Religion de l'Etat ne saurait faire violence à la conscience des citoyens.

De là la liberté des cultes.

Mais, dans cette liberté, il y a manifestement des principes communs qui servent de règle au droit humain; et ce sont ces principes qui sont le nerf de la société nouvelle, comme de toutes les sociétés!

Nier cette communauté de principes, c'est nier la civilisation, telle que l'a faite le long enseignement du Christianisme, même après que la pratique de ses lois s'est affaiblie par la lâcheté des mœurs; bien plus, c'est nier, en dehors du Christianisme, la raison générale des hommes; c'est nier enfin la raison des lois; car les lois n'ont d'autre base que cette foi commune à des principes communs; et la soumission aux lois n'a pas d'autre motif, si ce n'est le glaive du gendarme ou du bourreau.

Ceci conduirait bien plus avant; mais ce n'est pas le lieu de traiter tout ce qui se rapporte à la Religion.

Disons seulement que les rapports de l'Eglise et de l'Etat sont le grand problème des temps nouveaux.

Dans l'ancien ordre de société catholique, l'Eglise était la règle du pouvoir. Les temps nouveaux ont voulu que le pouvoir fût à lui-même sa propre règle; la conséquence était que le pouvoir fût absolu, à moins qu'il ne fût précaire. Il a été tour à tour l'un et l'autre.

Présentement, la raison publique fait effort pour échapper par des transactions à ces extrémités contraires.

La société tâtonne encore; elle tâtonnera longtemps. Ce qui reste de plus accepté par tous les hommes, c'est que l'Eglise soit libre et que l'Etat soit libre.

L'empire des idées chrétiennes n'en est point affaibli; mais si le pouvoir leur obéit, il leur obéit sans contrainte. C'est à ce point de liberté réciproque que s'arrête désormais la politique.

Or, tout serait bouleversé si l'Etat se faisait de cette liberté le droit d'usurper sur l'Eglise. S'il a une Religion, c'est apparemment qu'il croit, comme Etat, à cette Religion! Et comment donc songerait-il à l'asservir? ce serait plus qu'un crime, ce serait un mensonge.

Et s'il n'a pas une Religion, comment prétendrait-il toucher à la Religion des particuliers? l'énormité serait monstrueuse.

Ne pas croire à l'Église et lui commander passe toutes les bornes connues de la tyrannie.

Mais pour cela même, dans les deux hypothèses, l'indépendance de l'Etat et de l'Eglise constitue des situations et des rapports qui sont une des difficultés des temps nouveaux.

La POLITIQUE, par ses instincts, échappera aux périls comme aux usurpations.

La liberté de l'Eglise sera réelle; la liberté de l'Etat le sera également.

Une autre liberté sera à plus forte raison assurée, à savoir la liberté des particuliers en matière de croyance.

Cette liberté se formule par le culte; mais elle se formule aussi par l'éducation.

La liberté de l'enseignement dérive du principe constitutif de l'Etat moderne ; s'il est interdit à l'Etat d'imposer une Religion comme loi, comment lui serait-il donné de l'imposer comme doctrine ?

L'enseignement n'est pas seulement la transmission de la science humaine, c'est aussi, c'est surtout la transmission de la foi.

Cette seule remarque implique la liberté d'enseigner, non apparemment de tout enseigner, mais d'enseigner tout ce qui est conforme à la foi libre et diverse des hommes, sans heurter jamais la foi commune de tous.

Une autre liberté dérive également de cette constitution d'Etat, à savoir la liberté de la presse.

Liberté de croire, liberté d'enseigner, liberté d'écrire; trois libertés d'une nature autrefois inconnue, et dont s'effarouchent parfois les temps mêmes qui les ont produites; mais que la POLITIQUE devra sanctionner et réaliser, parce que son office d'intelligence est de suivre les transformations graduelles de la société et de se plier aux besoins des peuples.

Et ce sont ces notions communes de liberté morale qui sont désormais la condition de la société. Elles impliquent l'idée d'un pouvoir fort, sans lequel la liberté même serait faible, et non seulement faible, mais désastreuse.

Mais elles ôtent à ce pouvoir fort tout prétexte comme toute pensée de tyrannie, puisqu'il est l'instrument essentiel de la liberté.

Tout est nouveau dans cette constitution de

société, il faut bien le dire. Mais, comme chaque situation a son germe d'abus; la nouveauté même, n'en doutez pas, aura son principe d'altération.

Un des dangers à venir, c'est que l'honneur, ce nerf des grands empires, risquera de s'affaiblir par l'absence de l'esprit de corps.

De là un admirable office de la POLITIQUE.

Les grandes castes, les grandes associations n'existent plus sous cette puissante inspiration de l'honneur. La POLITIQUE y suppléera par les excitations de la gloire.

Les récompenses publiques devront être plus que jamais éclatantes; la faveur n'appartiendra qu'à la vertu.

Prenez garde aussi que dans le concours universel des hommes autour du pouvoir, le génie risquera d'être souvent étouffé par les médiocrités; c'est un autre péril des temps nouveaux.

La POLITIQUE s'appliquera à démêler les grandes natures cachées dans cette médiocre uniformité des esprits.

Ou bien l'égalité moderne deviendrait aisément le rapetissement de l'intelligence comme des vertus. L'humanité tout entière ne monte pas d'ensemble aux sommets du génie ; elle y monte par des exceptions : ce sont ces élans qu'il faut favoriser.

Ajoutez que l'égalité politique ne fera jamais disparaître, parmi les hommes, les inégalités sociales. Mais ces inégalités donnant lieu à des jalousies et à des mépris, à des oppressions et à des représailles, la POLITIQUE les tempérera par ses exemples de bienveillance et d'amour.

Malheur à l'avenir, si les âges présens lui lèguent leurs dénigremens et leurs haines !

Malheur aux vieilles races, si elles ne se renouvellent par des vertus populaires !

Malheur aux races démocratiques, si elles tentent de nouveau la politique fatale des nivellemens !

La liberté doit s'affermir entre les hommes, par un échange de charité et de mutuels secours.

Et en cela se révèle l'office le plus général de la POLITIQUE, office de tempérament, d'équilibre, d'équité, de réparation, qui assure à chacun son droit, qui serve de force aux faibles, de frein aux forts, de règle et d'exemple à tous.

Tout est changé dans les formes sociales ; mais les principes sont les mêmes. La POLITIQUE en poursuivra l'application en raison des mœurs nouvelles.

Telle est sa mission dans l'avenir.

L'*avenir!* Il est donc ainsi dévoilé : c'est la liberté, c'est l'ordre, c'est la gloire.

ÉPILOGUE.

Et maintenant que la France, ma glorieuse patrie, entende son office en regard de cet avenir où d'avance plonge avec anxiété la pensée des peuples.

La France s'est trop long-temps égarée dans la vaste mer des révolutions. Elle a passé par tous les écueils et par tous les périls; elle a exploré toutes les régions; elle a interrogé tous les cieux. Qu'elle se dirige enfin vers le point lumineux où est le repos de sa course.

Ce n'est pas seulement pour elle que la France a besoin de s'abriter dans l'ordre et dans la paix; elle en a besoin pour le monde. La France manque au monde! Elle manque à la transformation qui travaille tous les États! Elle manque à l'Italie comme à l'Espagne; à l'Irlande comme à la

Germanie ; elle manque au Nord, elle manque au Midi ; elle manque à la Pologne ; elle manque à la Russie même ; elle manque à ce qui marche, elle manque à ce qui est immobile ; elle manque aux Rois et elle manque aux peuples. Dans elle l'Europe est tourmentée par des mouvemens impuissans et par des révolutions inféccondes.

« Plus que jamais, disait, il y a trente ans, M. de Maistre, nous devons nous tenir prêts pour un évènement immense dans l'ordre divin, et vers lequel nous marchons avec une vitesse accélérée qui doit frapper tous les observateurs. Il n'y a peut-être pas un homme véritablement religieux en Europe qui n'attende en ce moment quelque chose d'extraordinaire, et tout annonce une grande unité vers laquelle nous marchons à grands pas (1). »

Présage depuis justifié par des accidens pleins de mystère, mais qui semble suspendu, parce que la France est comme absente du monde moral. « La nation française, disait encore M. de Maistre, ce prophète politique, la nation française doit être le grand instrument de la plus grande des révolutions. » Et c'est pourquoi l'Europe attend ! Vous avez vu le grand pape

(1) Soirées de Saint-Pétersbourg.

Pie IX arrêté lui-même dans son œuvre. Tandis que le pontife libérateur faisait effort pour rendre aux idées morales la prééminence sur la force, l'anarchie s'est mise à faire effort pour traverser ce travail de liberté. Les peuples ont répondu par la révolte aux appels de sacrifice et d'amour. C'est qu'une force active et prépondérante n'était pas là pour tout faire obéir à la volonté protectrice et salutaire du grand pontife. L'humanité se renouvelle par les idées ; mais les idées même ont besoin de se personnifier en un génie qui leur serve d'instrument. Génie d'homme ou génie de peuple, il n'importe ! Charlemagne servit à la transformation du vieux monde : la France est nécessaire au travail d'unité qui remue les âges contemporains.

Qu'elle se secoue donc dans ses ruines, la France prédestinée, la France antique et nouvelle à la fois, la France de la gloire et de la liberté, de la chevalerie et de la fraternité ! Qu'elle apparaisse resplendissante et rajeunie ; et qu'armée du courage de tous ses enfans, elle reprenne son vieux office entre les peuples ! Quelle les guide et les éclaire dans leur marche vers des destins nouveaux. Sans elle la civilisation court s'abîmer dans la servitude. Voyez ! la politique est un chaos. La raison humaine s'égare à la poursuite de chimères qui recèlent le pillage et la mort. Les ténèbres s'étendent sur l'esprit des hommes, et les États, cherchant leur voie dans l'ombre, se heurtent à des écueils où tout se brise, peuples et rois.

« La France, c'est toujours M. de Maistre qui parle, exerce sur l'Europe une véritable magistrature (1). »

Mais pour répondre à cette vocation, il faut qu'elle s'arrache aux passions qui l'énervent, aux factions qui la déchirent. Que la France se souvienne d'elle-même ! Qu'elle remonte à ses traditions perdues ! C'est dans son histoire qu'est le secret de son prosélytisme. Puisse-t-elle reprendre sa mission de puissance aimée du ciel, et la rendre sainte à tous les peuples par la gravité de ses vertus, par l'empire de ses exemples et par l'autorité de ses malheurs !

. . . .

. . . .

. . . .

(1) Considérations sur la France.

FIN.

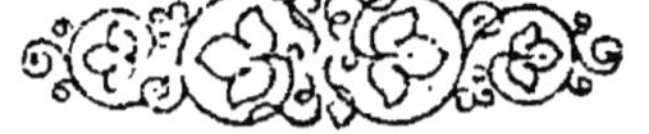

www.ingramcontent.com/pod-product-compliance
Lightning Source LLC
Chambersburg PA
CBHW072039080426
42733CB00010B/1939

9782012823471